青弓社ライブラリー 88

SEIKYUSHA LIBRARY

ディズニーランドの社会学

脱ディズニー化するTDR

新井克弥

青弓社

ディズニーランドの社会学——脱ディズニー化するTDR／目次

はじめに　9

第1章　様相を変貌させる東京ディズニーリゾート　16

1　「ディズニー学」の基礎知識　16
2　パーク内はコスプレ会場と化した？　24
3　ファミリー・エンターテインメントからの逸脱　28
4　TDR＝送り手側も異様？　38
5　ウォルトの存在が薄れるほどゲストの数は増える？　42

第2章　ディズニーランドと日本人──ディズニーというゆりかごのなかで　44

1　ディズニーと日本人の関係史　44
2　日本アニメの苗床になったディズニー　45
3　プロレスとディズニーが高度経済成長とテレビ普及に貢献　48
4　ディズニーになじんでいた戦後世代　54

5 日本人へのディズニー再教育 58

第3章 テーマパークの本質：1——情報圧によるめまい 66

1 テーマパークとは何か 66
2 テーマ性の入れ子構造 73
3 TDSでのテーマの重層構造 78

第4章 テーマパークの本質：2——ハイパーリアリティー 89

1 ハイパーリアリティーとは何か 89
2 テーマランドはコピーのコピー 92
3 ジャパン・オリジナル、ダッフィーの誕生 96
4 ダッフィー的システムの方法論化 104

第5章 テーマ性の崩壊 109
1 崩壊を象徴するパレード 109
2 マクロと中規模(=ミドル)のテーマ性 111
3 ミクロなテーマ性 113
4 テーマ性崩壊をさらに進める「ハピネス・イズ・ヒア」 118
5 テーマなきテーマパークの出現 120

第6章 ジャパン・オリジナル化するTDR 123
1 グレムリン化するゲスト、ドン・キホーテ化するTDL 123
2 消費文化の伝統文化への昇華をもくろんだウォルト 134
3 アキバ化するTDL 141

第7章 ディズニー化する社会、脱ディズニー化するTDR、そして…… 153
1 ファストフードとファミレスを経験した一九七〇年代 153

2 ディズニー化とは何か 155
3 社会がディズニー化していく 158
4 脱ディズニー化する未来 166

第8章 TDRは聖地になりうるか? 176
1 評価が分かれる『アナ雪』 176
2 微分的文化と文化相対主義 181
3 二つの聖地 189

付録 ディズニーを学ぶ人のために 195
1 ウォルトを知る 195
2 ウォルト没後のディズニーの状況を知る 197
3 東京ディズニーリゾートを知る 198
4 専門的な視点からディズニーを考える 199

参考文献 202
おわりに 203

装丁――伊勢功治

はじめに

僕は一九六〇年に生まれた。子どもの頃からディズニーに親しみ、東京ディズニーランド（以下、TDLと略記）がオープンする一年前の八二年からは千葉県浦安市に住み、パーク（ディズニーでは運営する遊戯施設空間をパークと呼ぶ）を頻繁に訪れ、その変容を見守ってきた。八三年の開園時にはパークでオープニング・キャスト（ディズニーでは従業員のことをキャストと呼ぶ）として働いた経験もある。しかし九〇年代後半以降、とりわけ二十一世紀に入ってからのTDLに対してずっと感じている違和感がある。それを一言で表現すれば……

「最近のディズニーランド、ちょっとヘン？」

となる。

そう感じるのはパーク、そしてここを訪れるゲスト（ディズニーではパークへの入場者をゲストと呼ぶ）の両方についてだ。こうした内容をブログに書き込むと、賛同してコメントを送ってくれる人もいる（そのうちの一定数が元キャスト＝パーク就業経験者だ）。寄せてくれたコメントに共通してみられるのは「あそこはもう、自分たちが知っているパークではない」というもの。つまり、かつてのTDLを知っている人間ほど、現在のパークに違和感を覚えているようなのだ。

「ヘン」と感じる最も顕著な点は、TDLや東京ディズニーシー（以下、TDSと略記）が、生みの親であるウォルト・ディズニーの理念からどんどん離れていってしまっていることだ（以下、ウォルト・ディズニー本人について述べる場合にはウォルトと略記）。ウォルトの理念は「テーマパーク」と「ファミリー・エンターテインメント」に集約されるのだが、このウォルトが考えていたイメージが東京ディズニーリゾート（ＴＤＬやＴＤＳを含む、浦安・舞浜エリアにあるオリエンタルランドが運営する施設の総称。以下、ＴＤＲと略記）からは消えつつある。そこはいまやテーマパークというより、何でもありのごちゃまぜの空間になっていて、ファミリーというよりＤヲタ[1]と呼ばれるディズニー・オタク、子ども、そして若者のほうが目立っているのである。これは、家族連れが圧倒的な比率を占めるアメリカのディズニーランドとは好対照をなしている。

　この現状はいったいどういうわけなのだろうか。そこで、このＴＤＲの変容をメディア論的視点から考えてみようと思い付き、本を書くことにした。

　ただし、本書はＴＤＲについての考察だけには終始しない。ＴＤＲを媒介とした現代社会論・メディア社会論としての文脈も踏まえている。社会学の研究では、ディズニーランドは常に時代の最先端、数年先を先取りする装置としての機能をこれまで果たしてきたとみなされている。

　たとえば、前述した「テーマパーク」という「概念」を日本に持ち込んだのはディズニーだが、その後、日本社会は急速に「テーマパーク化」し、「ディズニー化」していった。詳細は後述するが、地方都市郊外に点在するイオンモールなどはまさにその典型といえる。ということは、ＴＤＲの変容、とりわけ「送り手＝ディズニーとＴＤＲ側」と「受け手＝ディズニーを消費する一般の消費者やゲスト側」双方の変容を分析することで、数年先の現代社会がみえてくるのではないだろうか。そのため、本書はＴＤＲの分析を通して現代社会の行く末を予測しようとする試みでもある。タイトルの副題に「脱ディズニー化するＴＤＲ」と加えたのは、日本の現代社会の変容過程をディズニーから捉えたいという理由に基づいている。

本書はしかし、現在のＴＤＲやそのファンを批判しようとするものでは全くない。言い換えれば、本書は「ウォルト的なもの」「ウォルトの理念」（以下、ウォルト主義と表記）を標榜する「原理主義」「懐古趣味」的な立場からＴＤＲの現状を非難するつもりは毛頭ないし、またその逆に、Ｄヲタの存在やパークの無秩序な変容を擁護するつもりもない。あくまで僕の専門である社会学、メディア論、メディア社会論といった社会科学の視点から、ＴＤＲをめぐる一連の現象をニュートラルに分析・考察するという立場をとる。

ただし、その変化をわかりやすくするために、少々演出を施した。具体的には、いったん、ウォルト的な世界を「是」とし、それを変容させようとする因子を「非」とするスタイルを採用している。物語での「是」「非」という構造を使うことによって、その問題点があぶり出されることになるからだ。だが、後半から悪役はむしろ主役に転じる。もちろん、悪役の役割を払拭したかたちで。

ＴＤＲはいま、「クレオール化」「ポストモダン化」している。詳細については本文で述べるが、それはＴＤＲからウォルト主義が後退し、その一方でＤヲタと呼ばれる人間たちがパーク内を闊歩し、パークもそれに合わせて変容していくというプロセスだ。だが興味深いことに、それは同時にＴＤＲが日本の伝統文化に吸収されていくという不思議なプロセスでもある。この一連の流れを、ディズニーと日本文化に関わる歴史的文脈をたどりながら確認していくとともに、その構造を分析し、TDRの、そしてその先にみえる日本社会の行く末を考えていく。

本書のアウトラインを示しておこう。

第1章「様相を変貌させる東京ディズニーリゾート」では、前提となる基礎知識としてディズニー、そしてディズニーランドとは何かについて概観したあと、二十一世紀に入って様相が変容しつつあるTDRの現状を素描する。具体的には、ウォルト色が消えつつある状況を報告する。第2章「ディズニーランドと日本人――ディズニーというゆりかごのなかで」では、いったん時代をさかのぼり一九九〇年代までの日本とディズニーの関わりをみていく。この間、日本人はもっぱらディズニー側によって、いわば「ディズニー・リテラシー」を涵養され続けてきたのだが、その流れを確認する。第3章「テーマパークの本質：1――情報圧によるめまい」と第4章「テーマパークの本質：2――ハイパーリアリティー」では、テーマパークとは何かについて考察する。テーマパークとは一般に「一定環境を統一テーマに基づいて構築したレジャー施設」を指すとされるが、ここではより深層のレベルで再定義する。第5章「テーマ性の崩壊」では、そのテーマ性の崩壊の現状をパーク内で開催しているパレードの変化から分析する。第6章「ジャパン・オリジナル化するTDR」ではウォルト的なテーマ性、つまりウォルト主義が後退し、パークが「ごった煮化」(＝ドン・キホーテ化、そしてアキバ化)していく状況をみていく。これらを踏まえて第7章「ディズニー化する社会、脱ディズニー化するTDR、そして……」では、現代社会の発展と、ディズニーランドの変容過程との関連性・相同性について、ディズニー化、脱ディズニー化の視点から考えていく。そして最終章の第8章「TDRは聖地になりうるか？」では、一連のTDRの変容が、現代社会で何を意味しているのかという結論を提示する。なお巻末には、ディズニー、またその社会的意味合いなどに関心を寄せる人のために関連するブックガイドを加えておいた。

最後に、読者のみなさんに断っておかなければならないことが二つある。

一つは『ディズニーランドの社会学』という本書のタイトルについて。これはTDRからウォルト主義が希薄化していく過程を社会学的にみていこうとするものだ。だが、それはディズニーの世界やウォルトの分身的存在であるミッキーマウスが消滅することを意味しているわけではない。後述するがウォルト的なものがパークから失われていくことで、ミッキーの存在はかえってより重要なものになる。ただしTDR内でのミッキーの立場や位置づけを大きく変容させながら。そして、そのような変化こそが、実はジャパン・オリジナルのディズニーランドが創造されていくプロセスなのだ。

もう一つは「オタク」という言葉について。本書では、ディズニーのオタクを「Dヲタ」と呼んでいるが、このオタクという言葉は解釈が多様であり、少々強い表現とも受け取られることがままあり、誤解を招きかねない。そこで、本書で用いるオタクの意味について明らかにしておきたい。

ここで僕が用いている「オタク」とは、かつての「アニメやパソコン、ビデオなどに没頭し、同好の仲間の間でも距離を取り、相手を名前で呼ばずに「おたく」と呼ぶ、人間本来のコミュニケーションが苦手で、自分の世界に閉じこもりやすい少年たち[2]」といったネガティブなイメージを備えた一群を指してはいない。むしろ、社会学者の宮台真司が指摘したような「細分化された趣味の領域にタコツボ的に入り込む心性の持ち主全般(3)」を指す。第6章で詳述するが、こうしたオタク的心性の出現とその一般化は情報化社会の必然的結果であり、そのため、かつての解釈にあるような一部の人間に特有のものではなく、現代ではもはや日本人全般に浸透している社会的性格と考えることができる。われわれ誰もがオタク的心性をある程度分有しているのだ。つまり「オタク」は、一部の「オタクなあなた」ではなく、「あなたのなかのオタク」、言い換えれば「一人ひとりがもつオタク的部分」を指している。よって、コミュニケーション能力や社会性の低さ、そしてネクラといった、かつて指摘された傾向を必ずしも含まず、ネガティブに捉えるパーソナリティーではない。

それでは、日本最大のテーマパーク、夢と魔法の王国・東京ディズニーランド、そして東京ディズニーシーで、いま何が起きているのかをみていこう。

なお、本書では次に記す固有名詞の表記を簡略化する。

東京ディズニーランド→TDL
東京ディズニーシー→TDS
東京ディズニーリゾート→TDR
アメリカ・カリフォルニア州アナハイムにあるディズニーランド→DL
アメリカ・フロリダ州オーランドにあるウォルト・ディズニー・ワールド・リゾート→WDW

ウォルト・ディズニー→ウォルト
オリエンタルランド→OLC
ザ・ウォルト・ディズニー・カンパニー→WDC
また、世界中のディズニーランド・パークを総称して示す場合にはディズニーランド、ディズニー作品やキャラクターも含めたディズニー世界全体の総称を示す場合にはディズニーと表記する。

注
(1) Dオタ、ディズオタ、ディズヲタ、ディズニークラスタとも呼ばれる。
(2)「週刊読売」一九八九年九月十日号、読売新聞社
(3) 宮台真司『制服少女たちの選択』講談社、一九九四年

第1章　様相を変貌させる東京ディズニーリゾート

1　「ディズニー学」の基礎知識

ＴＤＲの変容を考察するためには、まず議論のたたき台、すなわち変容する以前のパークについて知ることが必要だ。そこで分析に入る前に、ディズニーとは、そしてディズニーランドとは何かについて、基本的な知識をあらかじめ押さえておこう。いわば「ディズニー学」の基礎知識。ディズニーのコンセプトについて、とりあえずここだけ読めばおおまかな知識が得られるようなダイジェスト版を記しておきたい。なお本文中で詳細に立ち入る部分については、余分な重複を避けるため、基礎情報は簡略な説明にとどめておく。

ディズニーの世界を構築したのはいうまでもなくウォルト・ディズニーだ。一九〇一年生まれのウォルトが頭角を現すのは、二八年に公開されたトーキー（音声入り映画）アニメ『蒸気船ウィリー』（監督：ウォルト・ディズニー／アブ・アイワークス、配給：セレブリティ・プロダクション。以下、ディズニー作品については配給会社を省略）から。ここでミッキーマウスが実質上のデビュー(1)を果たし、ディズニーはアメリカ映画界にその名を広く知らしめることになる。以降、いち早く『白雪姫』（監督：デイヴィッド・ハンド、一九三七年）などの長篇アニメを手がけ、またカラー、サウンドシステム（ファンタサウンド）、マルチプレーン・カメラなど、当時の最新技術を次々と新作に投入することで、ディズニーはアートとテクノロジーの両側面で映画界の最先端を走る存在になった。さらにハリウッド映画の世界展開に合わせて、ミッキーマウスを中心としたディズニーキャラクターは世界中に認知されていくようになる。

ウォルト主義

ディズニー社が芸術と技術への飽くなき追求を続ける背後には、完全なワンマン経営のもとで、執拗なまでに整合性がとれた世界を構築しようとするウォルトの性格、つまり自らの理想とするコスモスを求め続ける、いわば「ウォルト主義」があった。

その典型的な行動の一つが、映画制作での無謀なまでの資金投入だった。ウォルトは成功と名声に甘んじることなく、さらなる高みを目指して築いた財産をすべて、あるいはそれ以上を投じて次の作品に挑むという、常識では考えられない行為を繰り返したのだ。たとえば、『白雪姫』の制作費は百七十万ドルだったといわれているが、これは現在の価格に換算すると約三億ドルに相当する。ちなみに、巨大メディア産業に成長したディズニーが手がけた『アナと雪の女王』（監督：クリス・バック／ジェニファー・リー、二〇一三年）の制作費が一億五千万ドル。弱小企業にすぎなかった当時のディズニー社からすれば、この投入額は失敗すれば一巻の終わりという危険な賭けだったのである（ウォルトの経済性を顧みない破天荒さを支えていたのが、共同経営者である銀行家出身の兄、ロイ・ディズニーだった）。だが、こうしたウォルトの作品のクオリティーへのこだわりこそが、結果としてディズニー、そしてアニメーションというジャンルを、ハリウッド映画の世界に押し広げていくことになる。

ウォルト主義の徹底ぶりは作品のスタイルにも特徴的に表れている。敬虔なカトリック信者だった父イライアスのもとで育てられたウォルトは、伝統的かつ保守的な社会意識、宗教観をもっていたが（ウォルトの本名はウォルター・イライアス・ディズニーだが、この名前はイライアスが信奉していた牧師のウォルター・パーにちなんで命名されている）、幼少時代から培われたこうした価値観はディズニーアニメ作品に共通する勧善懲悪、ハッピーエンド、男尊女卑、バイオレンスとセックスの否定といった要素へと反映されている。作品群の多くがイソップやグリム、ハンス・クリスチャン・アンデルセンなどの古典的童話作品を題材にしているが、設定やストーリーは、これらの要素によってことごとく毒気が抜かれた「無菌」なものへと改変されているのだ。にもかかわらず、ディズニー作品化されたものは、その映画がヒットすることによってオリジナルよりも影響力が強く、結果としてディズニーによるストーリーがオリジナルと入れ替わってしまうという事態が、そのつど発生した（この傾向は『アナと雪の女王』にもみられるように、現在でも続いている。『アナと雪の女王』の原作はアンデルセンの『雪の女王』〔一八九三年〕だが、設定、ストーリーともに全く異なっている）。これはのちにディズニファイケーション（Disneyfication）という言葉で批判されることになるのだが、ウォルト伝をつづったニール・ゲイブラーは、こうしたウォルトの偏執性を「創造の狂気」と表現している。

パークは理想を実現する空間

ウォルト主義＝理想に向けた偏執性はアニメーションだけにとどまることはなかった。ウォルトは次第にアニメーション作りにも不満をいだくようになる。一度制作したら作り直しがきかない「作品」に、ウォルトは満足できなくなっていった。また、アニメーターによる労働組合との闘争にもウンザリしていた。要するに「自分の思うままにならない」ことが、ウォルトにとっては不快でたまらなかったのである。そこで新たな事業、言い換えれば、ウォルト主義をさらに推進するものとして思い付いたのが遊園地の運営だった。遊園地ならば何度でもリニューアルが可能だし、新しいスタッフならば思うままにコントロールできるからだ。

こうして一九五五年、カリフォルニア州アナハイムにディズニーランド（以下、この元祖ディズニーランドをＤＬと略記）が誕生する。ウォルトはパーク運営を始めるのだが、このパークには自らの理想世界を実現すべく、様々なコンセプトが織り込まれていた。入場者に向けた「ファミリー・エンターテインメント」「テーマパーク」「永遠に完成しない遊園地」というコンセプト、従業員に向けては「劇場シミュレーション型の運営」「ＳＣＳＥ（Safety, Courtesy, Show, Efficiency）」という経営方針がそれである。

まず、入場者に向けたコンセプトをみてみよう。

ファミリー・エンターテインメントは子どもから大人まで、すべての人が楽しめる娯楽施設のコンセプトを指す。遊園地は基本的に子ども向けに造られているが、ディズニーランドは大人の鑑賞眼にも堪えるよう建物のデザインに趣向が凝らされ、ホスピタリティーも徹底している。乗り物についても、単に機械を動かすことに終始するのではなく、そこに物語性を加えるなど多様な演出を施し、客が身体的な楽しみだけでなくイマジネーションをふくらませること、つまり精神的にも楽しめる工夫が凝らされている。

テーマパークとは「一定環境を国や歴史、物語といった統一テーマに基づいて構築したレジャー施設」を指す（詳細は第3章「テーマパークの本質：1――情報圧によるめまい」に譲る）。パーク内の施設をある一つのテーマで統一するというコンセプトだ。たとえば、トゥモローランドは未来、アドベンチャーランドは冒険がテーマになっている。統一するものはアトラクションやレストランはもちろん、従業員の制服、フロアの色やトイレといったものにも及ぶ。

そして「永遠に完成しない遊園地」とは、スクラップ＆ビルドを繰り返し、パークそれ自体の新陳代謝を図ろうとするものだ。事実、ＤＬは開園後十年で建設総額以上の投資をおこなってリニューアルを重ねている。

一方、従業員に向けたコンセプトはどうだろう。

「劇場シミュレーション型の運営」は、パークを劇場に見立ててしまうアイデアだ。ディズニーランドでは客をゲスト、従業員をキャストと呼ぶ。ここで重要なのはキャストの「考え方」で、彼らには文字どおり役者としての役割が課せられている。身に着けている衣服もユニフォーム＝制服ではなく、コスチューム＝衣装と呼んでいる。またパークの敷地内では、ゲストが楽しむエリアはオンステージ＝舞台上、キャストだけが入ることが可能な作業エリアはバックステージ＝楽屋と呼ばれている。こうした見立ては、次のようなシチュエーションを構成することになる。つまり、キャストはオンステージでは役者として振る舞わなければならない。その支度場所がバックステージというシチュエーション。劇場の役者と違う点はたった一つ、ステージ上にゲスト＝観客がいて、このゲストを相手にキャストが直接演技をすることだ。キャストたちがウォルトが考えたディズニーの世界を演じてゲストに提供することで、ゲストはその世界＝物語の一員として加えられ、パークと一体になる。

それを具現化するのがＳＣＳＥ、つまりSafety＝安全性、Courtesy＝礼儀正しさ、Show＝ショーアップ、Efficiency＝効率性の四つを同時に徹底しておこなう経営方針だ。ここではその運用の典型例を二つ紹介しよう。

一つはレストラン。レストランはテイクアウト式とテーブルサービス式に分かれているが、この二つにはそれぞれにＳＣＳＥが貫かれている。テイクアウト式レストランをみてみよう。まずSafetyに関して。テイクアウト式では、すべての食器は紙かプラスチック製である。原則としてゲストが持ち歩くので、これがもしガラスや金属製のものであれば破損する可能性があるし、その場合には破片でゲストがケガをする、つまりSafetyに抵触するおそれがある。こうしたリスクを踏まえてゲストに配慮しているのだ。もちろん、Showの側面からは多少後退しているが、これは容器のデザインに趣向を凝らしたり、デザインやメニューを変更したりすることでカバーしている。また廃棄物は紙とプラスチックだけになるので回収は簡単で、洗う必要もない。つまりEfficiency

の面からも理にかなっている。商品はすべて手渡しであり、その際、キャストはほほ笑みを欠かさない（このほほ笑みは「ディズニー・スマイル」という名称で制度化されている。キャストはスマイルを義務づけられているのだ）。つまりCourtesyにも目を行き届かせている。一方、テーブルサービス式レストランは陶器や磁器、ガラス食器など一般的な食器が使われている。Safetyのレベルが下がるのではとも思われるが、食膳の据え下げを作業に手慣れたキャストがおこなうことでSafetyは維持可能となり、むしろここではCourtesyやShowのほうが重視されることになる。キャストによる食事のサービスという点で付加価値がつくわけだが、ここでは端的に利益を上げるという面でのEfficiencyが効いている。

ＳＣＳＥの運用例としてあげられるもう一つの典型がキャストによるカメラ撮影サービスだ。ゲストがパーク内でカメラ撮影をしようとする際、いくつかの困難が生じる。なかでも、状況によって撮影者が被写体になれないことがあげられる（これを克服するツールとして近年、自撮り棒が流行しているが、Safetyの側面からパーク内では使用が禁止されている）。だが、近くにキャストが居合わせる場合には話は別である。キャストは撮影しようとするゲストを見つけると、必ず「もしよろしかったら、写真をお撮りしましょうか？」と声をかけてくる。これはもちろんCourtesyに基づく行動だ。ゲストの了解を得ると、キャストはゲストからカメラを受け取るのだが、その際、受け取りは必ず両手でおこなう。カメラにストラップが付いている場合には、これに右手を通す。これはゲストのカメラを落としたりして破損することを未然に防ぐ、つまりSafetyそしてEfficiencyを考慮してのことだ。さらに、撮影の際にはゲストに楽しげに話しかけること、つまりShowも忘れない。

とはいえ、撮影時に必ずしもキャストが近くに居合わせるというわけではない。そこで、撮影してくれるキャストがいなくても、記念になる「いい写真」を撮ることができるよう、パーク内にはあちこちに「フォトスポット」と書かれたマークが設置されている。その前であればカメラ撮影が苦手なゲストでも魅力的な写真が撮れるように配慮しているのだ。もちろん、これも Courtesy の一環である。

こうした様々に配慮が行き届いたサービスによって、入園者はゲスト＝お客様としてウォルトが創造した世界、つまりウォルト（＝ディズニー）の国（＝ランド）を体全体で受け止めることができるようになっている。そしてこの方針は、一九六六年にウォルトが亡くなって以降も延々と引き継がれてきたのである。

ところが、二〇〇〇年前後から、少なくともTDR内ではこの様子が変わってくる。ディズニーの根幹であったはずのウォルト主義に綻びがみえるようになっていくのだ。そして、その綻びの進行具合はゲストの変容と同期しているようにも思える。

2 パーク内はコスプレ会場と化した？

日本中に広がった「『アナ雪』現象」

二〇一四年、日本の映画界は『アナと雪の女王』（以下、『アナ雪』と略記）に席巻されてしまった感がある。興行収入は二百六十億円を超えて歴代三位。『アナと雪の女王　オリジナル・サウンドトラック』の年間売り上げは九十八万枚、アルバムセールス部門（オリコン年間ランキング）で年間第二位と売れに売れ、「レリゴー、レリゴー」、あるいは松たか子の声で「ありの～ままで～」と、タイトル曲「レット・イット・ゴー――ありのままで」（作詞・作曲：クリスティン・アンダーソン＝ロペス／ロバート・ロペス、訳詞：高橋知伽江）は街のあちこちで流れ続けた。レンタルＤＶＤ／Blu-ray の年間ランキングも一位となり、Blu-ray の販売にいたっては二百二十七万枚と、二位の作品の十五倍近い枚数を売り上げたほどだ。日本語版のアナ役を演じた神田沙也加はあちこちで引っ張りだこの活躍をみせ、さらに大晦日の『ＮＨＫ紅白歌合戦』では、目玉となるコーナーの一つとして取り上げられ、コーナーの終わりには出演者全員で「ありの～ままで～」と合唱する演出まで施された。

こうした一連の動きを、メディアは「『アナ雪』現象」と呼んだ。『アナ雪』それ自体は世界中でも大ヒットしたので、これは世界的な現象なのだろうと考えたくなるが、実はそうでもない。『アナ雪』の世界興行収入は千五百五十億円、そのうち、日本が二百六十億円で一六・八パーセントのシェアを誇っている。一方、二〇一〇年に公開された『トイ・ストーリー３』（監督：リー・アンクリッチ）は世界興行収入千二百九十億円、うち日本国内百八億円で八・四パーセントのシェアにとどまっている。こうしてみると、この『アナ雪』現象は日本だけちょっと異常だったことがわかる。

パークにはたくさんのエルサが……

この現象を踏まえてか、ＴＤＬは二〇一五年、「アナとエルサのフローズンファンタジー」と銘打ったイベントを、年始めの一月という、普段は特に大規模なイベントが組まれない時期に開催するまでになった。シンデレラ城前でのプロジェクションマッピングショー「ワンス・アポン・ア・タイム」の一部を変更した「スペシャルウィンターエディション」（『アナ雪』を大幅にフィーチャリングしたバージョン）にいたっては、七月七日まで期間を延長したほどである（ただしタイトルから「ウィンター」がはずされた。また、二〇一六年も一月十二日から三月十八日まで開催された）。そしてこの期間、パークを訪れるとゲストはかなりの数の「エルサ」（『アナ雪』の主役の一人）に遭遇することになった。

もともとパーク内ではディズニープリンセスに仮装した女の子たちを見かけることは多い。しかし、エルサのコスチュームを身にまとった女の子たちの数は、ほかのプリンセスを圧倒している。このコスチュームは安いものなら通販で数千円程度、本格的な仕様なら東京ディズニーランドホテル内の子ども向けの仮装を主に扱うビューティーサロン、ビビディ・バビディ・ブティックで装着可能だ（三歳から小学校六年生までの女児に限定）。後者の場合、フル装備のメニュー「キャッスルコース」を選べば三万四千円（税抜き）でメイク、そして撮影も含めて「完璧」なエルサになることができる。ここではほかにもシンデレラ、オーロラ、ベル、ラプンツェル、アナといったディズニープリンセスにも変身可能だが、なんといっても人気はエルサなのだ。

おそろいコーデ、制服ディズニー、おだんごヘア……

ＴＤＲ内でのディズニーキャラクターのコスプレ（仮装）は、ディズニー・ハロウィーンの期間を除き、中学生以上は禁止されている。(2) ところが、パーク内には必ずといっていいほどエルサに扮したとしか思えない大人が存在する。いや、それだけではない。様々なディズニーキャラクターに何らかのかたちで仮装したゲスト、さらには独自のコスプレでやってくる大人のゲストを昨今では必ず目にすることができるのだ（二〇一五年春にみられたお笑いユニット8.6秒バズーカの格好などはその典型だ）。彼らは明らかに周囲から浮いていて、そこだけコスプレ大会の様相を呈しているのだが、本人たちは、これ見よがしというか、おかまいなしなのである。

大人のコスプレはディズニーキャラクターだけに限らない。コスプレといえるかどうかは微妙だが、二〇一五年現在、パーク内ではやっている「仮装もの」としては、たとえば以下のものがあげられる。

一つは「おそろいコーデ」と呼ばれるもの。これは女性がメインだが、連れ立った全員が同じ格好をしてくる。つまり「おそろいのコーディネート」で来場するのだが、彼女たちの服には少なくとも一点以上、ディズニーキャラクターが何らかのかたちで添えられている。なかには男女のペアルックという場合もある。ペアルックは一九八〇年頃が流行のピークで、もはや過去のスタイルになった感がある。だがパーク内ではこの格好で堂々と登場する。もちろん、こちらもディズニーキャラクターのワンポイントが入る。

「制服ディズニー」というスタイルも近年、日常的にみられるようになった。これは高校の制服（場合によっては中学校の制服）で連れ立ってやってくる女性たちの格好を指す。

「そんな女子は以前からいくらでもいたはず。あそこは修学旅行の定番だし」という意見もあるかもしれない。だがそうではない。制服ディズニーとは、高校卒業後も中学・高校時代の制服を身にまとって、仲間と連れ立ってパークにやってくる「偽女子中・高生」のことを指すのだ。年齢は当然十八歳を超えているはずである。事実、よく見ると、一般の中・高生とは違う点が見て取れる。制服をカスタマイズしていたり、ディズニー関係のグッズをちょっとアレンジしていたり（修学旅行生ならば、おおむねパーク内で販売していたり持参したりしたグッズを装着する程度）、「学生」らしくない化粧を施していたり、連れ立った友人らと髪形を統一していたり。その装飾は、やや度を過ぎているのではと思えることとも。そして「彼女たち」は結構な数にのぼるのだ。

さらに、ＴＤＲ用に完全にカスタマイズした格好でパーク内を闊歩する人間たちもいる。たとえば「ミニー・フル装備」とでもいえるようなものが例としてあげられるだろうか。べつにミニーマウスのコスプレをしているのではないが、身にまとっているもの、持ち運ぶグッズ、すべてをミニーと関連したデザインのもので統一している。服装は赤に白のポルカドット。バッグも靴下も赤と白、そして黒の三色しか使用しない。この「ミニー・フル装備」での最近の流行は、「おだんごヘア」と呼ばれる髪の毛をまるく束ねたスタイルだ。一般的な「おだんごヘア」とは、頭上に大きなおだんごを一つ作るスタイルだが、パークでは決まって左右一つずつ。そう、ミニーの耳をイメージしているのだ。当然、二つのおだんごの間には赤白の水玉リボン、あるいはミニーのカチューシャが装飾される。

また、変わったところでは白衣に数百個のプーさんのピンを付け、頭にはハチミツ瓶帽をかぶった中年男性や、全身を青と黄緑でまとめ、頭に三つ目の帽子をかぶるリトル・グリーン・メン（映画『トイ・ストーリー』〔監督：ジョン・ラセター、一九九五年〕に登場するエイリアン人形）風の集団も存在する。これは、かなり異様というか、目立つ。彼らは、いったいここで何をしようとしているのだろうか。

3 ファミリー・エンターテインメントからの逸脱

こうしたある種の異様さはゲストの衣装だけにとどまらない。たとえば客層についてみてみよう。前述したようにディズニーランドのコンセプトは「ファミリー・エンターテインメント」である。ウォルトは一九五五年、カリフォルニア州アナハイムのＤＬのオープニング・スピーチの際、ファミリー・エンターテインメントについて次のように語っている。

「この幸せな場所にようこそ。ディズニーランドはあなたの国です。ここは、大人が過去の楽しい思い出を追体験し、若者が未来への挑戦と気配に思いを馳せるところです」[(3)]

また、オリエンタルランド（ＴＤＲを運営する企業。以下、ＯＬＣと略記）の公式ウェブサイトでは、ファミリー・エンターテインメントについて「世代を超え、国境を超え、あらゆる人々が共通の体験を通してともに笑い、驚き、発見し、そして楽しむことのできる世界」[(4)]と記している。いわば家族全員が楽しめる場所、それがディズニーランドなのだ。

このコンセプト、ちょっと穿った見方をすれば、ほかの遊園地がある種の「子どもだましの世界」を作り上げる一方で、ディズニーランドは「大人だましの世界」を演出しているということができるだろう。細部まで緻密かつ精巧に施設を作り上げることで大人の鑑賞に堪えるようにし、さらにホスピタリティーも大人が満足できるようなレベル＝ＳＣＳＥを用意し、全世代、いや海外の人間までもがこの世界を堪能できるよう、ディズニーランドは全方位型のレジャー施設を志向しているのだ。

コンセプトに「ファミリー」とあるように、ディズニーランドは「家族」のための娯楽施設だから、当然、家族連れがメインターゲットのはずである。実際、本家アメリカのディズニーランド二つ（ＤＬとアメリカ・フロリダ州オーランドにあるウォルト・ディズニー・ワールド・リゾート〔以下、ＷＤＷと略記〕）を訪れてみれば気づくことだが、いずれも家族連れがメインだ。ところが、日本だけは事情が異なっている。二〇一四年度のデータによると年代別来園比率で大人（十八歳以上）が六九・九パーセント、子どもの比率は一六・六パーセントで、成人の割合が圧倒的に高いのだ。しかも、子どもの比率は漸減傾向が続いている（〇七年は一九・九パーセントだった）。さらに、ゲストの男女比は三対七で女性が多い[5]。つまり、TDRは、本来のコンセプトである「ファミリー・エンターテインメント」に基づかない大人と女性を中心とした客層、言い換えれば、ウォルトが志向した世界が想定していたものとは異なった客層が増えつつあるのだ。

Dヲタたちの行動原理

パークは本来、のんびりと楽しむところである。さて、どんなアトラクションに行こうか、どんなイベント・ショーに参加しようか、また何を食べようかと思いをめぐらしながら一日を過ごすのが一般的な楽しみ方のはずである。ところが、ゲストのなかにはパーク内を楽しむというより、別の何かを求めてここにやってきたと思われるような行動をする一群がある。それがファミリー・エンターテインメントを目的としないゲスト、つまりディズニー・オタク、略して「Dヲタ」だ。

彼らの典型的な行動パターンを少々カリカチュアライズ（戯画化）しながら描いてみよう。

開園二時間前、すでに彼らはパーク前の舞浜駅に到着し、ゲート前で開園時間をいまかいまかと待ち受けている。手にはスマホ（スマートフォン）を持ち、パークに関する情報を着々と収集する。仲間と連れ立っている場合には、グループ内で一日の行動計画を共有する。スマホにはパークの案内図はもちろんのこと、パーク攻略用アプリ、待ち時間チェック用アプリ、パークで特別な写真が撮影できるアプリ「ハピネスカム」などがインストールされている。服装はもちろん「おそろいコーデ」だ（パーク内で着替える場合も多い）。

ゲートが開くとともにパーク内を突進するDヲタに、「危険ですので、走らないでお進みください」というキャストの声は届かない。彼らはキャストらによって物理的に制止されはしないことを、とっくの昔から知っているからだ。向かう先はもちろん、彼らそれぞれがもっているお目当ての「何か」。ただし、ターゲットは必ずしもアトラクションやアトラクションの入場待ちをショートカットできるファストパス・チケットにとどまらない（というよりも、彼らはすでにアトラクションは乗り尽くしているので、新規導入のもの以外にはさしたる関心はない）。新しく発売されるグッズや食べ物の購入、ショーの場所取りなどもお目当ての「何か」に含まれる。このとき、仲間と連れ立って訪れた場合には、スマホはとりわけ活躍する。ファストパスを抜く、場所取りをする、食べ物を購入するなどの役割を、スマホで連絡をとりながら分担するのだ。

ここ数年の流行は、ポップコーンのワゴンに並ぶことだ。TDL内には二〇一五年現在、ポップコーンワゴンが十三カ所あり、ソルト、キャラメル、カレー、しょうゆバターなど、様々な味付けのポップコーンが購入可能だ。各ワゴンではポップコーンを詰めるバケットも同時販売しているのだが、これも様々な種類がある。一五年、年明け早々の「アナとエルサのフローズンファンタジー」でも特製の期間限定のバケットが販売された。もちろん、このバケットもDヲタのターゲットになる。しかも、その多くが限定販売なので、誰もがいち早く購入したいと思っている。このとき、彼らの目的はおいしいポップコーンではなく、バケット（しかも限定品）の確保にある。まさに、Dヲタの典型的な消費行動パターンといえる。

そして、彼らの会話はジャーゴン（仲間内だけに通用する言葉）にあふれている。施設名やイベント名は短縮化されるのが一般的だ。ＴＤＬに行くことはインパ、ＴＤＳならインポート。年間パスポートは年パ（一般の略称は「年パス」）。アトラクションはアトラク。スペース・マウンテンならスペマン、ホーンテッドマンションはホンテ。レストランならプラザパビリオン・レストランはプラパビ、クリスタルパレス・レストランはクリパレ。シアターなら「ワンマンズ・ドリームⅡ――ザ・マジック・リブズ・オン」はワンマン、ビッグバンドビートはＢＢＢ。キャラクターはミッキーとミニーでミキミニ、ドナルドダックとデイジーダックでドナデジといった具合である。ほかにもジャーゴンで呼ばれるものは多くあり、マニアックなものをあげれば１０１（ワン・オー・ワン）がある。これは、アトラクションが中止になることを表す言葉だが、基本的にキャストたちの間で使われている用語だ。これらの用語を、さながら、ある分野のプロパーのような感覚で使い分けているのだ。

「いち早くディズニーランドの情報を手に入れる」「ディズニーランドの情報をストックして消費する」

彼らのこうした行動は、「スニークプレビュー」にまで人が押し寄せるという事態を招くことにもなっている。スニークプレビューとは、ショーやイベント、アトラクションが正式にオープンする前におこなう非公式の内覧会を指す。新しいイベントやアトラクションがきちんと運営できるかどうかを事前に調べたり関係者を限定的に呼んだりして、情報をフィードバックするのがねらいだ。パーク内の場合、オープンの半月前の数日間に開催することが多い。もちろん、一般には告知していないのだが、にもかかわらずネットなどを介して情報はあっという間に知れ渡り、スニークプレビューにはゲストたちが大挙して押し寄せる。彼らは誰よりも早く、関連分野の最新情報を手に入れ、経験したいのである。

ディズニーシーも例外ではない

情報消費、ジャーゴンの頻用、情報の先取り。このような「オタク」と呼ばれるような人間の典型的な行動パターンをとるゲスト、すなわちディズニー・オタク＝Ｄヲタたちの氾濫は、ＴＤＳにも波及している。ただし、こちらは少し趣が異なる。

ＴＤＳのテーマの一つは「大人向けディズニー」だろう。一九九〇年代、ＴＤＬは入場者数が千六百万人程度で足踏みする。しかし、これは人気がピークに達したからではなく、ゲストの収容可能人数に達してしまったからだ。そこで第二のパークとして構想されたのがＴＤＳだった。開園予定は二〇〇一年、ＴＤＬ開園からすでに二十年近くたったことになる。ということは、オープン時にＴＤＬを訪れた際に十歳だった子どもは、もはや三十路近くに達している。父親や母親になっていてもおかしくない年頃だ。それでもディズニーに対する愛着は変わらない。そんな客層がＴＤＳのオープン時には生まれていたのである。

そこで大人のためのディズニーランドとして、より異国情緒を高め、レストランの料理をグレードアップし、様々なイタリア建築様式（十八世紀から十九世紀のベネチア、フィレンツェ、ポルトフィーノ、トスカーナ）を踏襲した宿泊施設である東京ディズニーシー・ホテルミラコスタをパーク内に用意し、アルコールの提供を許可することで成人向けに付加価値を高めたＴＤＳをスタートさせた。

現在の若年層とは異なって、一九七〇年代生まれくらいまでの世代には海外に対する強い憧れがある。ＴＤＬはこうした認識を踏まえてか、開園当初、コンセプトに擬似外国体験、とりわけ「アメリカ体験」を含ませていたと考えられる。高成田享は、オープン当初のＴＤＬが「日本ではなくアメリカといわんばかり」[6]と表現した。現在と比べると海外旅行がそれほど一般的ではなかったこの時代に、ＴＤＬはその代替的な機能を果たしていたのだろう。事実、開園時の八三年、日本人の海外渡航者数は四百万人程度にすぎなかったし（二〇一四年度は千七百万人）、当時の人間からすれば、海外はまだまだ到達不可能な「憧れの地」だったのだ。そのため、開園時にこうした海外への憧れを満たすような擬似外国体験を提供することが、いわば「裏テーマ」になっていたと想定される。ＴＤＳは、この海外への憧れをさらに強化した場所だといえるだろう。

ところが、大人向けＴＤＬであるはずのＴＤＳにも、これら「裏テーマ」にはそぐわないＤヲタが大挙して押し寄せるようになる。

ダッフィーによる大人ディズニーの破壊

Ｄヲタが大挙して押し寄せるようになった原因は二つ。

一つはテディベア「ダッフィー」の存在だ。ダッフィーとはジャパン・オリジナルのディズニーキャラクター（厳密には微妙に異なる。詳細は第４章「テーマパークの本質：２――ハイパーリアリティー」に譲る）のことで、二〇〇四年のデビュー後、その人気に火がつき、これにあやかるかたちで女の子の友達シェリーメイ、さらには猫の友達ジェラトーニが誕生した。こちらもジャパン・オリジナルだ。

現在、ダッフィーの人気は尋常ではない。当初はパーク内のアメリカンウォーターフロント、ケープコッドにあるアーント・ペグズ・ヴィレッジストアというショップだけでのキャラクターや関連グッズの販売だったが、あまりの長蛇の列に、マクダックス・デパートメントストア、さらにはメディテレーニアンハーバーのガッレリーア・ディズニーなどへも販売エリアを拡大。開園と同時にショップへと奔走するダッフィーファンたちを分散させるようにパーク側が配慮するまでにいたった。

パーク側もキャラクター商品の展開には積極的で、ダッフィーの限定グッズを販売するというしたたかさをみせる。そして、こうした情報をネットなどでいち早くチェックする「ダッフィー系Dヲタ」は、パークでの発売開始日を虎視眈々と待ち続け、いよいよ発売当日になると朝早くからTDSへと向かうのである（ダッフィーの販売はTDS内限定）。

こうした状況下、「大人ディズニー」を期待して出かけた大人のなかには、パークに入ると違和感をいだく者も。とにかくあちこちでダッフィーが目に入るのだから。これは何もパーク側が用意しているわけではなく、むしろダッフィーを持ち込む膨大な数のゲストたちがもたらした結果である。ちなみにダッフィーは、いまやTDSを飛び出してTDLにも「進出」を果たしている。ダッフィーがキャラクターとして登場したり、販売するショップがオープンしたというのではない。単にゲストが持ち込んでいるのである。

ＴＤＳ内で見かけるダッフィーはオフィシャルのもの、つまり販売されているものだけとはかぎらない。ゲストが携帯するもののなかには映画『パイレーツ・オブ・カリビアン』シリーズ（二〇〇三年―）の主人公ジャック・スパロウ、『アラジン』（監督：ジョン・マスカー、一九九二年）の魔人ジーニー、あるいはピノキオの着ぐるみをかぶったダッフィーなど、「変わりもの」を見つけることもできる。これらはいずれもダッフィー自体はオリジナルだが、衣装はすべてゲストの手作り。いわば「コスプレ・ダッフィー」なのだ。そして、『アナと雪の女王』の人気もあり、エルサ・ダッフィーももちろん存在する。ＴＤＳは大人のためのパークというよりダッフィーランドの様相を呈し始めているのだ。

アルコールをたしなむ「子どもたち」

もう一つ、大人のためのディズニーを破壊するものとしてアルコールの存在があげられるだろう。前述したように、ＴＤＳ内ではアルコールを販売している。テーブルサービス、テイクアウト、どちらのスタイルでもビールやワインが購入できる。これがレストランのマゼランズや豪華客船Ｓ・Ｓ・コロンビア号内のラウンジ、テディ・ルーズヴェルト・ラウンジであればカクテルやウイスキー、ブランデーまでもがそろっている。

ただし、飲酒できるのは店内や一定エリアだけで、そのほかの場所での飲酒は禁止されている。つまりファミリー・エンターテインメントとしてのコンセプトが壊れないよう制限をかけているのだ。「大人ディズニーだからお酒を飲んでもいいけれど、パークのコンセプトは崩さないように」

という配慮によって、こうしたスタイルを採用しているのだろう。だが、この場所にパークのコンセプトを解さない一部のDヲタがやってくるとどうなるか。

年間パスポート（通称、年パス）を所有するリピーターたちのなかには、これらの店をまるで行きつけの居酒屋のように利用しているゲストが一部、見受けられる。たとえば、メディテレーニアンハーバーにあるザンビーニ・ブラザーズ・リストランテ。ここはカウンターサービス・スタイルのレストランで、食べ物はピザやパスタ、アルコールはビールとワインを提供している。二階は広大な飲食エリアになっているが、その端に屋根付きのテラス席がある。ここでは夕時にはメディテレーニアンハーバー内の海で繰り広げられるショーと花火を眺めることができる。アルコールをたしなみながら、ディズニーの世界を本物のディズニーパークで楽しめるのだ。

ただし、置いてあるワインやビールは数種類しかなく、少し口寂しい。そこで大人のDヲタたちは「ワインの持ち込み」をおこなうのだ。レストランの端はキャストの死角であり、Dヲタたちは紙袋に入れてワインを持ち込み、最初の一杯だけワインを購入し、二杯目からは自前のワインを購入時に店から提供されたプラスチックのグラスに注ぐ。こうして最高のひとときを彼らは過ごすのだが、結局のところ飲みすぎてテーブルに突っ伏して、眠りこけてしまう光景もみられる。それはさながら場末の居酒屋での一場面を連想させなくもない。こうした状況は、ウォルトが考えたファミリー・エンターテインメントとは、ちょっと、いや、だいぶかけ離れている。

彼らにとって、もはやここは映画『ピノキオ』（監督：ベン・シャープスティーン、一九四〇年）に登場する遊園地「プレジャー・アイランド」なのだろう。プレジャー・アイランドでは、子どもたちは飲酒、喫煙、破壊、暴力といった「子どもがしてはいけないこと」を何でもすることが許されている。TDSというプレジャー・アイランドには暴力の要素こそないものの、彼らが個人の欲望に忠実に勝手気ままに振る舞っていることには変わりはない。そして、こういったゲストたち、おそらくその多くが「お一人様」なのではないだろうか。

TDLにしてもTDSにしても、Dヲタやコスプレ・ゲストたちに共通していえることがある。それはパークをゆっくりと楽しむ、つまり「何をしようか」と思いをめぐらせながら歩き回るのではなく、ある明確な目的をもって、それに向かって突き進むことだ。彼らの目つきはハンターのそれに、パークは狩猟場、あるいは草刈り場に例えることができるだろう。彼らには家族、あるいは訪れた者同士が語らい、楽しみ合うというファミリー・エンターテインメントとしての風情はみられない。むしろ、個人であれ集団であれ、それぞれがバラバラの目的に基づいてパーク内を闊歩するというディスコミュニケーション状況を繰り広げているのである。

4 TDR＝送り手側も異様？

ここまではゲスト側の変容をみてきたが、TDR運営側、厳密に表現すればパークを運営しているOLC側のほうも同様に変容をみせている。

ファミリー・エンターテインメントのコンセプトのもとでは、そのホスピタリティーの一環として対面対応が是とされている。マシンなどを介在させず、キャストが直接ゲストにサービスするというのが基本方針だ。そのため原則として、商品はすべて手渡しであり、コインをゲストに挿入させる装置はパーク内には置かない。ＴＤＬオープン時、例外的にゲストがコインを挿入する場所はロッカールーム、ペニーアーケードとスターケード（二〇〇七年に閉鎖）というゲームコーナー、そしてスーベニアメダルのマシンくらいしかなかった。ロッカーは仕方ない。また、ここにあげたような残りのマシンはコインを挿入することそれ自体がアトラクションの一要素になるので、これらは対面対応の方針には抵触しない。

ところが、いまやパーク内の数カ所にドリンクの自動販売機を設置するようになっている。当初はスター・ツアーズの横にあるプレハブ風の建物の内部に一般の自販機を設置していたが、現在ではスペース・マウンテンの下にロボットの形で、ウエスタンランドでは演出用の建物（テーマ性を高めるために造られた建物で実際には営業していない）であるペインレス・デンティストの壁面に埋め込むようにして設置している。さらに、ファンタジーランドのレストラン、クイーン・オブ・ハートのバンケットホールにもティーポットの形をした自販機がある。これらはどうみても対面対応のコンセプトからははずれている。

また、運営側は「テーマパーク」という、パーク運営の柱になるもう一つのウォルトのコンセプトも歪めつつある。その典型は、和食や中華関連のレストランだ。一九八四年、パーク内に初めて和食を提供するレストラン、れすとらん北齋がオープンする。このレストランが位置するテーマランド・ワールドバザールは、二十世紀前半の典型的なアメリカの田舎町がテーマになっている。具体的にはウォルトが幼少期を過ごしたミズーリ州マーセリーンの街並みからインスパイアされたものだ。テーマからみても、この場所に和食店が存在するのはどうにもそぐわない。ＴＤＬの公式ウェブサイトでは「十九世紀終わり頃から、西洋では芸術や建築などで好んで和のテイストが使われるように(7)」なったためと説明しているが、二十世紀初頭のマーセリーンのような田舎町に和食の店はなかったはずだ。しかし、こういった強引なテーマとのすり合わせを、当時は運営側もよく認識していたのだろう。店が目立たないよう、一階はエントランスだけにして、店内を二階にもっていき、テーマを崩さない配慮をおこなっていたのである。

冒険の国でおにぎりとラーメンを売る！

ところが、一九八〇年代後半になるとだんだんと雲行きが怪しくなる。八七年、アドベンチャーランドの一部、プラザ（パーク中心のハブになる円形部分）寄りの一帯が大改装され、ジャングルクルーズ（現「ジャングルクルーズ：ワイルドライフ・エクスペディション」）の向かい側にレストラン街が建設された。港町をテーマにしたエリアなのだが、ここにオープンしたレストランのうち、二つの店がテーマからみて逸脱しているように思われる。

一つはボイラールーム・バーベキュー（現ボイラールーム・バイツ）というレストランだ。店舗は難破船のボイラールームを改造したという設定。ここで提供していたのはなんとおにぎり。おにぎりは明らかにミスマッチと考えられるのだが、テーマ性に配慮してか、串に刺した状態で、しかも焼きおにぎりとして提供していた。このように一手間をかけることでおにぎりもアドベンチャーランドのテーマ性になじむようになる。おにぎりを串に刺して焼けば、バーベキューといえなくもない。バーベキューを楽しむところは戸外で、つまりアウトドアである。アウトドアとは、冒険＝アドベンチャーというレジャーを指すことからも、この取り組みはテーマ性をかろうじて担保しているといえるだろう。

もう一つは、その隣にあるチャイナボイジャー。ここでは中華料理を提供している。チャーメン(焼きそば)、春巻、杏仁豆腐などの料理がメインだが、これも冒険にはそぐわない感がある。このレストランは、海賊船で働いていた中国人のコックが古いボートハウスを修復して造ったという設定になっていた。つまり、中華と冒険というテーマを、「海賊がたまたま中国人だった」という設定で無理やりつなげていたのだ。店名のチャイナボイジャーとは、要するに「中国＝China」の「航海者＝Voyager」なのである。店内は中国や中華圏を意識させるというよりも一般的な船内のイメージが圧倒的に強く、かろうじて「囍」という文字や赤と金をあしらったモール類がある程度だ。

だが、この無理やりな設定も時代とともに当たり前のように用いられるようになり、テーマからの乖離が著しくなっていく。まず、ボイラールーム・バイツでは一時、ハワイ料理のロコモコを販売していて、現在ではミッキーマウスまん、ミニーマウスまんという、肉まんとスイーツ系のまんじゅうへと変更している。一方、チャイナボイジャーでは、なんとラーメンを販売するようになる。担々麺、チャーシュー麺、海老入り白湯麺など、もはやジャパン・オリジナルといったほうがいいものをメインメニューとしてラインナップ化し、当初設定したテーマからは限りなく遠くなっている。テーマ設定に関する物語も「隣にあるアトラクション、スイスファミリー・ツリーハウスを建てたロビンソン一家と対決し、敗れてしまった海賊たちに仕えていたコックが、敗れた海賊船の廃材を利用してこのレストランを作り上げた」と変更され、そのいわれもますます希薄なものになった。「アドベンチャー、ジャングルのなかでラーメンと肉まんをほおばる」というシチュエーションは、少々シュールに思えないこともない。

5 ウォルトの存在が薄れるほどゲストの数は増える?

テーマの崩壊は、先にあげたレストランだけに限らない。販売されるもの、開催されるショー、施設など、もはやパーク全体にテーマとの関連では理解しにくい状況が出現している。パーク内は年々テーマとしての一貫性を失い、おもちゃ箱をひっくり返したような無秩序な状態になりつつあるのだ。

サービスの受け手＝ゲストがファミリー・エンターテインメントを否定し、送り手＝TDR側もテーマ性をあまり顧みなくなっていく。つまりTDRでは「ウォルト主義違反」とでもいうべき状況が横行し、もはやパークもゲストもウォルト的なものをどんどん失いつつあるのだ。TDRからウォルトが消える日は近いのだろうか。

ところが、ウォルト主義が希薄化するこのパークは、衰退するどころか年々人気は増すばかりなのだ。ディズニーランドらしくなくなるにつれてディズニーランドが人気になっていくということの「矛盾」をどう考えたらいいのだろうか。

注

（1）制作自体は『プレーン・クレイジー』（監督：ウォルト・ディズニー、一九二八年）が先行するが、本篇は無声映画で当初ほとんど注目を浴びず、『蒸気船ウィリー』の大ヒットのあとに音声を加えて再上映され、人気を博すことになる。
（2）東京ディズニーシー（TDS）は期間中でも禁止だったが、二〇一五年からは期間のはじめと終わりの一週間は大人でも全身コスプレが許可されるようになった。
（3）「Walt Disney Disneyland Opening Day Speech」などで検索すると「YouTube」の動画を見ることができる。
（4）オリエンタルランドグループ公式ウェブサイト内の「パーク運営の基本理念」（〔http://www.olc.co.jp/tdr/profile/tdl/philosophy.html〕［アクセス二〇一六年五月三十日］）から。
（5）いずれもオリエンタルランドグループ公式ウェブサイト内の「ゲストプロフィール」（〔http://www.olc.co.jp/tdr/guest/profile.html〕［アクセス二〇一六年五月三十日］）から。
（6）粟田房穂／高成田享『ディズニーランドの経済学』朝日新聞社、一九八四年
（7）東京ディズニーリゾート公式ウェブサイト内「れすとらん北齋」（〔http://www.tokyodisneyresort.jp/restaurant/detail/str_id:JRH/〕［アクセス二〇一六年五月三十日］）から。

第2章　ディズニーランドと日本人――ディズニーというゆりかごのなかで

1　ディズニーと日本人の関係史

第1章で提示したTDRでの様々な変容、言い換えれば、ウォルト主義からの乖離はなぜ発生したのだろうか。それについて考察する前に本章では、現在のような状況になる以前のディズニーと日本人の関係についてみていく。かつての関係を雛型として認識することで、後続章とのコントラストを明確にすることがねらいである。具体的には一九九〇年代半ばまでを目安に振り返る。

ディズニー、そしてディズニーランドと日本人がこれほどまでに深く関わりをもつようになったのは、いうまでもなく一九八三年のTDLオープン以降のことだ。しかしながら、ディズニーと日本の関わりは実はもっと以前、敗戦後の五〇年代にまでさかのぼる。五〇年から六〇年生まれの人間にとって、ディズニーは意外にも身近な存在だったのだ。

たとえば一九六〇年生まれの僕の場合、この時代の捉え方からすると最後の世代にあたるが、デイズニーが自分の身近にあったことをいまだによく覚えている。使っていた金属製のスプーンの端にミッキーが付いていた。眺めていた絵本にはディズニー関連の本がたくさんあった。親によくディズニー映画を見に連れていってもらった、という具合だ。

そこで本章では、現在のディズニーと日本人が一九九〇年代半ばまでにどのような蜜月関係を築いていったのか、その過程をみていく。ディズニーは、日本の文化、戦後の経済復興、そしてテレビメディアの普及に大きな影響を与えているのだ。

2　日本アニメの苗床になったディズニー

第二次世界大戦後、戦中には禁止されていたアメリカ文化が一気にわが国になだれ込んでくる。そのなかの一つにディズニー映画があった。『白雪姫』や『ピノキオ』、『ファンタジア』（監督：ベン・シャープスティーン、一九四〇年）といった戦前の作品が上映され（国内での上映年はそれぞれ一九五〇年、五二年、五五年）、新作もロードショーの一つとして封切られるようになった。そして、ディズニーアニメは日本のアニメ文化やテレビメディアの立ち上げ、さらには経済復興に大きな役割を果たす一要因として、わが国のポピュラー文化に影響を与えていくことになる。

まず、日本のアニメ文化へのディズニーの影響についてみていこう。そのためには日本アニメの実質的な創始者としてこの世界を切り開いた、手塚治虫の名前をあげなくてはならない。

手塚はいわばディズニー信者だった。ディズニー映画に戦前から触れる機会をもち、戦後、熱狂的なディズニー・マニアになった。手塚は自らを「ディズニー狂い」と呼ぶほど、作風や活動の面でディズニーから多大な影響を受けている。

「ディズニー狂い」を示すエピソードの一つに、手塚が『バンビ』（総監督：デイヴィッド・D・ハンド、一九四二年）を見た回数がある。一九五一年に日本で公開された当時で八十回以上、その後のリバイバル上映も含めると百三十回以上見たという。テレビ放映、またビデオレンタルや販売もない時代だったことを踏まえると、これは驚異的な数字だ。手塚は勢い余ったのか、この作品をマンガ化して単行本として刊行している（絵はそっくりだが、著作権の関係で、長く世に出回ることはなかった）。また、手塚は「火の鳥」（「漫画少年」一九五四年七月号―五五年五月号、学童社、ほか）、「ネオ・ファウスト」（「朝日ジャーナル」一九八八年一月一日号―十二月六日号、朝日新聞社）、「アドルフに告ぐ」（「週刊文春」一九八三年一月六日号―八五年五月三十日号、文藝春秋）などの長篇を手がけているが、これはディズニーが作るような長篇の作品を描きたかったからともいわれている。マンガという形式をとったのは単純に資金的な問題で、当時の技術や事業規模ではアニメ映画などを制作することは到底不可能だった。しかしマンガなら自分の世界を実現できる――手塚はそう考えたのだろう。(1)

だが、アニメ作品への思いは断ちがたく、手塚はアニメーション制作に着手する。その際、手塚が低予算を考慮して採用した手法が「リミテッド・アニメ」だった。ディズニーアニメは秒間二十四コマのフルアニメというスタイルを採用しているため、その動きはきわめてなめらかだ。しかし、手塚が採用したリミテッド・アニメの場合、秒間は八コマで、そのため、動きはややもすると紙芝居的なものになってしまうのだが、「なんとしても制作したい」という思いから、手塚はこれで押し切ってしまう。同時に、テレビでアニメを放映させるために、きわめて廉価でその制作を引き受けることにしたのだ。一九六三年から四年間にわたってフジテレビ系列で放映された『鉄腕アトム』がそれで、本作は空前のヒットを遂げる。ちなみに、『鉄腕アトム』の制作費は一本五十万円、現在の価格に換算すると二百三十万円程度だったといわれている。

手塚のやり方は、功罪併せ持つかたちで日本のアニメを世界に普及させていくことになる。リミテッド・アニメの制作を低予算で引き受けることで、当時、テレビの普及に躍起になっていた放送各局が飛びついた。その結果、アニメ作品が数多くテレビで放映され、またリミテッド・アニメ独自の手法も開発されて、その技術が国内だけでなく世界中に普及していった。これによって、世界中で手軽にアニメが制作されるようになるのだが、こうした一連の流れが最終的にアニメをわが国のサブカルチャーの旗手たらしめ、日本アニメの世界的な普及、すなわちジャパニメーションという文化を築き上げ、ディズニーアニメに匹敵するほどの人気を獲得した――これが功罪の「功」のほうだ。

一方、「罪」のほうは、この分野の低賃金労働化だ。アニメーターがどれだけ働いても低賃金のままという構造を手塚が作り上げてしまったのである。これに関しては、のちに宮崎駿が手塚の死に際して追悼したコメントのなかで次のように批判的に語っている。

昭和三十八年に彼は一本五十万円という安価で日本初のテレビアニメ「鉄腕アトム」を始めました。その前例のおかげで、以来アニメの制作費が常に安いという弊害が生まれました。[2]

よきにつけ悪しきにつけ、日本アニメの構造そのものを作り上げた手塚だが、その創造の土台となる重要な要素としてディズニーの存在があった。言い換えれば、日本のアニメも、そのブレイクする発端の一つとしてディズニーが下敷きになっていたといえるのである。

3 プロレスとディズニーが高度経済成長とテレビ普及に貢献

メディア普及に欠かせないキラー・コンテンツ

次に、テレビの普及や経済復興（具体的には高度経済成長）とディズニーの関係について触れていく。しかし、いったんディズニーから話をそらして、一見すると何ら関係がない事柄について述べたい。それは一九六〇年代前後の「プロレス」についてである。実はテレビメディアの普及という点で、プロレスはディズニーと大いに関係がある。プロレス中継は、この時代の日本人の精神性に大きな影響を与えているのだが、奇妙なところでディズニーと絡んでいる。

一九六〇年代、テレビはわが国で急激な広がりをみせる。五〇年代の後半から普及し始めたテレビは、六〇年代半ばにはほぼ一〇〇パーセントの普及率となり、さらに六〇年代後半からはカラーテレビが普及して、七〇年代半ばにはこちらもほぼ一〇〇パーセントという定着をみせる。

メディアの普及には必須条件がある。それは普及する当該メディアが「キラー・コンテンツ＝お金を払ってでも見たり経験したりしてみたい内容」をもっていることだ。かつて任天堂の代表である山内溥が指摘したように、人々はメディアがほしくてそれを買い求めるのではなく、メディアが提供するソフト＝コンテンツがほしくてこれを求めるのである。

テレビゲームはその典型だろう。これが世界的な普及をみせたのは、一九八〇年代半ばに任天堂が作ったファミリーコンピュータ（通称ファミコン）によるのだが、この時期にはファミコン以外にもテレビゲームのハードウェアは存在した。たとえば、セガ・エンタープライズ（現セガホールディングス）はSC3000/SG1000という、性能自体はこちらのほうが高いものを販売していた。にもかかわらず、結果としてファミコンが覇権を握ったのは、ゲームセンターで人気を博していたゲーム『ドンキーコング』（任天堂、一九八一年）と、『ドンキーコング』に登場するマリオというキャラクターを主役とした『マリオブラザーズ』（任天堂、一九八三年）、『スーパーマリオブラザーズ』（任天堂、一九八五年）といったキラー・コンテンツ（＝キラーアプリ）が提供されたからにほかならない。

アメリカへのコンプレックスを利用したプロレス中継

一九六〇年代、テレビの普及にあたってキラー・コンテンツの役割を果たしたのは相撲、プロレス、そしてプロ野球だった。このうち、後者二つを積極的に活用したのが正力松太郎率いる民間放送の雄、日本テレビである。正力はいわばキラー・コンテンツ戦略としてプロレスとプロ野球に焦点を当て、そのなかにキラー・コンテンツを忍ばせることで、視聴者の関心を一点に集中させ、当時の日本人のテレビへの欲望を浮かび上がらせることに成功する。

プロレス放送では、「日本対アメリカ」という図式で内容の単純化を図っていた。試合はそのほとんどが日本人と外国人の対決、しかも実際はともかく、外国人はアメリカ人であることを想定して、日本人＝善玉、アメリカ人＝悪玉というお約束のもとで試合が展開されたのだ。

プロレス中継で日本を代表するレスラー、すなわちキラー・コンテンツになったのは元力士の力道山である。国技と称される相撲で、関脇にまで上り詰めた日本の伝統を背負う男が白人≒アメリカ人と一戦を交える。試合は力道山の優勢で進む。そこで、苦境に立たされた白人レスラーが反則技に出る。これに堪忍袋の緒が切れた力道山が、最後に〝伝家の宝刀・空手チョップ〟をこれでもかと相手に打ち付け、最終的に勝ちを収めるのだが、このわかりやすい勧善懲悪的演出パターンが当時の日本人から大喝采を浴びたのだ。

日本人対アメリカ人を想定した試合のパターンは、一九六三年の力道山の死後も弟子のジャイアント馬場やアントニオ猪木によって引き継がれていった（このときもジャイアント馬場がスターとしてキラー・コンテンツの役割を果たしている）。

スローガンは「アメリカに追いつき、追い越せ」

新たなメディアが出現し、そこで提供される内容＝コンテンツがキラー・コンテンツになるために必要な条件とは何だろうか。それは当たり前の話だが、コンテンツが受け手＝オーディエンスの精神性に訴えるものでなければならないことである。プロレスは、一九六〇年代にその役割を十分すぎるほど担っていた。

ご存じのように、プロレスはスポーツというよりはエンターテインメント、ショービジネスである。プロレスの興行にあたって、力道山が訴求要素として考えたのは、日本人が潜在的にもっていたコンプレックスを拭うような演出だった。そのコンプレックスとは、「敗戦国」「アメリカに負けた日本」「アメリカよりも劣る日本」という認識にほかならない。

力道山は、前述したように日本対アメリカという図式を設定し、日本＝善玉、アメリカ＝悪玉として、単純化して、悪玉を空手チョップという「日本古来、伝統の」と思わせる技でなぎ倒すことによって、敗戦国日本がアメリカにリベンジするシナリオを作り出した。(3) いわば敗戦によって国民全体が背負った「負け犬」というトラウマに訴え、これを補償する演出を展開したのだ。

この時期、高度経済成長のスローガンは「豊かな生活」へ向かって刻苦勉励することだった。現在の生活は苦しいけれど、ここで我慢して努力すれば、やがて豊かな生活が待っているというわけだ。そして、その先の「豊かな生活」として描かれていたのがアメリカ式の消費生活だった。そのため、このスローガンは言い換えれば「アメリカに追いつけ、追い越せ」にほかならなかった。

テレビが映し出した復興の到達目標

ところで、最終的に目指す「豊かな生活＝アメリカ式の消費生活」の実際を、当時の日本人はどうやって知りえたのだろうか。一ドル三百六十円の固定相場時代、海外に出かけることができたのはほんの一握り。したがって、実際にそうした生活を経験した者はほとんどいないはずだ。にもかかわらず、多くの国民がその生活スタイルを認知していた。テレビがこれを映像として伝えたからだ。

一九六〇年代はまだまだテレビ番組＝コンテンツが不足していた時代である。テレビ局の予算も七〇年代以降のように多くはなく、技術的にも遅れていた。だが、放送枠は番組で埋めなければならない。そこでアメリカのテレビ番組が輸入され放送されるようになった。そのなかには『パパは何でも知っている』（日本テレビ系、一九五八―六四年）、『うちのママは世界一』（フジテレビ／TBS、一九五九―六三年）、『アイ・ラブ・ルーシー』（NHK／フジテレビ、一九六〇―六二年）、『奥さまは魔女』（TBS／NET系列、一九六六―八五年）といった一連のアメリカ発のテレビドラマがあったのだが、これらの番組が映し出したのは、アメリカの都市郊外にあるWASP（ホワイト・アングロサクソン・プロテスタント）の暮らしそのものだった。番組内では庭、芝刈り機、自動車、リビングルーム、オーブン、エアコン、そしてテレビなどからなる典型的な白人中流家庭の消費生活場面が繰り広げられた。そして、このライフスタイルこそが、日本人にとっての戦後復興の最終目的地として映るようになったのだ。

高度経済成長神話をマッチポンプ的に加速させた文化装置

ディズニーもこうした輸入番組の一翼を担っていた。

日本では一九五八年から『ディズニーランド』（日本テレビ系、一九五八―七二年）という名前の番組が隔週金曜日に一時間にわたって放送された。これももちろんアメリカのテレビ局ＡＢＣの番組（一九五四年から開始）を輸入したものだった。この番組はほかの番組以上にアメリカ式の消費生活、しかも、その圧倒的な社会経済的優位性をステレオタイプ的に映し出していた。

加えてディズニーのテクノロジー重視の姿勢が「アメリカは最先端の国」というイメージを日本人に与えた。

たとえば、この時間枠で組まれたエデュテインメント（教育的エンターテインメント）プログラム「Man and the Moon」では、ロケットがどのようにして月へ向かうのか、月はどうなっているのか、宇宙では人間がどのように行動するのかを特撮やロケット・モデル、アニメを使って解説していた。その際にゲスト解説者として起用されたのは、ナチス時代にロケットミサイルＶ２号の設計に携わり、戦後はアメリカＮＡＳＡのアポロ計画でサターン・ロケット開発の中心的存在になったヴェルナー・フォン・ブラウンだった。また頻繁に紹介されたディズニーランドの各施設や、番組の冒頭に毎回登場するウォルトのオフィス（実際には本物そっくりに真似たセットで、ティンカー・ベルがウォルトの秘書として書棚の本を取り出すといった『メリー・ポピンズ』〔監督：ロバート・スティーブンソン、一九六四年〕などでおなじみの実写とアニメーションを合成するディズニーお得意の手法を取り入れていた）は、まさに最先端テクノロジーといった趣を漂わせていた。

当時の日本人が、結果として『ディズニーランド』から読み取ったメッセージ、それは「経済性・技術力とも絶対に到達不可能のアメリカという国」と「アメリカの豊かな消費生活」にほかならなかっただろう。これを見ている日本人の大半は四畳半、裸電球一個の電灯、ちゃぶ台の上に一汁一菜といった食事だったのだから。

こうした「アメリカへのコンプレックスの克服」と「到達したいが絶対にかなわないアメリカ的消費生活」の二つの相反する映像が、なんと一九六八年まで全く同じ時間帯で繰り広げられていたのである。日本テレビが金曜日の夜八時に放映した『三菱ダイヤモンド・アワー』(一九五八—七二年)と銘打った番組枠がそれだった。ここでは『日本プロレス中継』と『ディズニーランド』が隔週で交互に放送されていたのだが、この交互に替わる番組の内容は「コンプレックスの代償的克服↓アメリカへの憧憬によるコンプレックスの呼び戻し」と捉えることもできるだろう。この循環は、結果としてある種のトラウマを克服するための高度経済成長神話に対するアイデンティフィケーションを促す役割を果たすことになる。すなわち、二つの番組は、内容そのものが戦後日本六〇年代の日本人の精神性を照射し、マッチポンプ的にエコノミック・アニマルへとかき立てるものだった。これらは、高度経済成長期に自己同一化を果たすための文化的なイデオロギー装置の一つとして機能したのだ。

4 ディズニーになじんでいた戦後世代

そして、こうしたテレビ普及の第一世代として位置づけられたのが戦後、とりわけ一九五〇年代以降に生まれた世代だった。

この世代は、テレビの出現を自らの成長とともに知ったか、あるいは一九五〇年代後半以降に生まれた人間なら、物心がついた時点でテレビが日常的にあったはずである。とにかくテレビに首ったけ。それゆえ、『ディズニーランド』は当時の子どもたちにとってきわめて魅力的な存在であり、番組に登場するウォルトは彼らにとっては最も有名な、ひょっとすると自分が知っているたった一人のアメリカ人だったかもしれない。つまり子どもたちにとってウォルトは、アメリカの子どもたちの認識と同様、親しげにこちらに語りかけてくる「ウォルトおじさん」だったのだ。おそらく『ディズニーランド』は、高度経済成長神話が煽るガンバリズムに、子どもさえも投げ込むイデオロギー装置として機能する役目の一端も担っていたのではないだろうか。

一般的には、「高度経済成長礼讃」「アメリカ文化万歳」といった文脈が形成されていったため、これに親和性が高いディズニーは、親たちにとっても肯定的なものとして歓迎されていた。

一九六〇年代、前述したように子どもたちの間でマンガとアニメが大流行するのだが、これに対して親たちはきわめて否定的だった。マンガの小学校への持ち込みはもちろん禁止。六三年、市役所や駅前などには「悪書追放」「子どもに見せたくない雑誌はこのポストに入れてください」と書かれた通称「白ポスト」と呼ばれるポストが設置されたが、ここに投函される「雑誌」のカテゴリーには、当然のようにマンガも含まれていた。

だが、ディズニーは、こうしたネガティブなイメージが付与されたジャンルであるアニメに属しているにもかかわらず、全く違った文脈で評価されていた。ディズニー作品は「芸術作品」「教育的なもの」という文脈での扱いだったのだ。

　上映あるいは再上映されるディズニー作品の多くには文部省（現・文部科学省）選定のマークが付けられ、一九六〇年代に全盛期を迎えた『ゴジラ』シリーズ（東宝、一九五四年―）、『ガメラ』シリーズ（大映、一九六五年―）といった国内映画会社が制作する怪獣ものの作品とは明らかに一線を画する価値づけがなされていた。当時、一般的にディズニーは、いわば「教養もの」。だから、親が子どもの手を引いて連れていく映画だった。それに対して後者は「くだらないもの」「キワモノ」。だから、親は否定的という認識があった。つまり、ディズニー作品とほかのものではっきりした差別化がなされていたといえるのだ。講談社はこの当時からディズニー関係の本を出版する最大手だったが、ディズニーの絵本シリーズでは、やはり教養主義的立場からその価値を示そうと『二十四の瞳』（光文社、一九五二年）などで知られる壺井栄など文化人の推薦文を掲載し、その価値をアピールしていた。

空白の二十年間？

　ところが一九六六年、創業者ウォルトが亡くなると、本家のディズニーは低迷していく。六〇年代後半から七〇年代前半、アメリカはベトナム戦争と公民権運動で疲弊し、これを反映するかのように映画もアメリカン・ニューシネマ（この用語自体は日本側による造語なのだが）に代表されるような現実を踏まえたリアルで反体制的、場合によっては不条理な作風が人気を得るようになり、ディズニーのようなシンプルかつハッピーエンドの作品は時代遅れとみなされるようになっていく。

実際のところ、ディズニーが放つこの時期の新作映画はどれもパッとしなかった。一九六七年から八五年までの間に制作された映画は『ジャングル・ブック』（監督：ウォルフガング・ライザーマン、一九六七年）、『おしゃれキャット』（監督：ウォルフガング・ライザーマン、一九七〇年）、『ロビンフッド』（監督：ウォルフガング・ライザーマン、一九七三年）、『くまのプーさん　完全保存版』『ビアンカの大冒険』（ともに監督：ウォルフガング・ライザーマン／ジョン・ラウンズベリー、一九七七年）、『きつねと猟犬』（監督：アート・スティーヴンス、一九八一年）、『コルドロン』（監督：テッド・バーマン／リチャード・リッチ、一九八五年）の七本。これらはいずれも、かつての作品のような大ヒットというわけにはいかなかったのである。(4)

これらの作品を国内で上映する場合には、しばしばディズニー古典作品の再上映と抱き合わせるという体裁をとっていた（たとえば、一九八一年に公開された『きつねと猟犬』は『ピーター・パン』〔監督：ハミルトン・S・ラスク／クライド・ジェロニミ／ウィルフレッド・ジャクソン、一九五三年〕との二本立てだった）。七〇年代以降、こうした流れのなかで日本にはディズニーについての情報があまり入ってこなくなり、アニメの主流も日本の作品と入れ替わり、当時の子どもたち（二〇一六年現在四十代。一九六〇年代半ば以降生まれの世代）にとってディズニーはあまり親しみがないものになっていたのだ。

5　日本人へのディズニー再教育

オープン時、ＴＤＬはひたすらゲストを教育しようとした

　このような状況のなか、一九八三年、ＴＤＬがオープンする。ＴＤＬ自体は、カリフォルニア州のＤＬとフロリダ州のＷＤＷにあるマジックキングダム・パークのコピー的な存在だが、いずれにせよほとんどの日本人は当時ディズニーランドについてよく知らなかったはずだ。また、ディズニーの存在自体も薄らいでいたように思われる。つまり、この時点で日本人のディズニー・リテラシーは、いったんリセット・ボタンを押されたといっても過言ではないほど低下していた。

　こういった現状を踏まえてか、ディズニー側は日本人に対してひたすらディズニーの世界観を教育・涵養するためのプロモーションを開始する。

　オープンに先立ち、ディズニー側はテレビメディアを利用して一大キャンペーンを展開した。一九八二年のクリスマスには、ゴールデンタイム枠で本邦初のディズニー長篇アニメ映画のテレビ放映を日本テレビ系列でおこなった。作品は『ピーター・パン』。前述したように、クラシック・アニメの長篇は再上映で収益を上げることができるため、ディズニー映画はテレビで放映されていなかった。もちろん、普及し始めたビデオでの販売もまだおこなわれておらず、そのため、これは当時のディズニー側とすれば、いわば「出血大サービス」ともいえる大英断だった。ピーター・パン

の声の吹き替えはアイドルだった榊原郁恵で、これは当時、人気を博していたミュージカル『ピーター・パン』のキャストをそのまま採用したものだった。

また、オープン直前に打たれたオープニング告知のＣＭ（コマーシャル）ではシンデレラ城以外はいっさい見せず、パーク内でキャストとゲストが喜んでいるところで「これが夢の実物」というキャッチコピーが流れる。これは典型的なハングリー・マーケティング、つまり、あえて中身を見せないことで、パークを訪れたいと思わせる手法をとっていた。

さらに一九八三年四月からは、オープンに合わせてミッキーやドナルドが登場するクラシック短篇アニメ三本が、こちらも水曜日午後七時のゴールデンタイム枠で、やはり日本テレビ系列で毎週放映された。

番組スポンサーの多くはＴＤＬのオフィシャルスポンサーで、この時間枠専用のＣＭを各社で作成したのだが、それらはパーク内の施設を紹介するものなど、ディズニー・リテラシーを啓蒙する内容だった。たとえばニッスイ（日本水産）は蒸気船マークトウェイン号、プリマハムはダイヤモンドホースシュー・レビューを前面に押し出すＣＭを放送していた（いずれもアトラクションのスポンサー）。さらに月星化成（現ムーンスター）は、この番組用ＣＭ（月星ディズニー・スニーカー）に、当時アイドルとして人気ナンバーワンだった松田聖子を起用している。ＣＭは、松田自らが歌うミッキー礼讃のオリジナル曲をバックに「ミッキー、好き」とつぶやくというものだった。

パーク内でも同様に、ディズニー・リテラシー涵養の方針を推進した。たとえば、オープン当初の昼のパレード「東京ディズニーランド・パレード」は、パーク内の各テーマランドを紹介するフロート（山車）で構成されていた。また、パレードが練り歩く際のメインテーマは「Tokyo Disneyland Is Your Land」（ＣＭにも同じ曲が使用された）で、「家族」「大人」「子ども」「みんな」「楽しくすごせる」など、ファミリー・エンターテインメントの理念を明確に意識した言葉が使われている。さらに、各フロートではパレードの冒頭に、もっぱら自らのテーマランド名を連呼してパークのテーマ性を認知させる工夫をしていた。

キャストのディズニー・リテラシーも低かった

本書の冒頭でも記しておいたが、僕はオープン直後から約半年ほどパークでアトラクション、グランドサーキット・レースウェイのキャストとして働いた経験をもっている。アルバイトで採用された人間はまず、ディズニー・ユニバーシティーと呼ばれる研修センターで二日間ほどの研修を受けることになっていた。そのなかで、パークで働こうと思った志望動機をトレーナーのキャストに尋ねられる場面があった。

おそらく現在なら、同じようなシーンであれば、誰もが「ディズニー大好き」「一度はここで働いてみたかった」といった回答をすると予想される。だが、当時は事情が異なっていた。「たまたま」「面白そう」「時給が高い」「遊園地で働いてみたかった」などの理由がもっぱらで、志望したアルバイトたちがディズニー世界にとりたてて関心があるという感じはなかった。かくいう僕自身も、応募した動機はほかの志望者と同様で、「近くて、自転車で通えるから」だった。また、その多くが「ビッグ５」と呼ばれるキャラクター（ミッキー、ミニー、ドナルド、グーフィー、プルート）

のうち、グーフィーとプルートの区別がつかないといった状況だったのだ。キャストのほうもまた、ディズニー・リテラシーは低い状態にあったのである。

このディズニーに対する認知度の低さは、一九八三年の統計データにも表れている。初年度の入場者数は、わずか一千万人弱にすぎなかった。TDSオープン前のTDLの年間最大入場者数は、九八年の千七百四十五万人なので、オープン当時のTDLの来園者がどれほど少なかったかがわかるだろう。ところがいまやその数は、TDSを合わせると三千万人を突破している。開園当時を思い出すと、その年の六月のウィークデーは本当にガラガラという状態で、「ここ、大丈夫なんだろうか?」と働きながら思ってしまったことを覚えている。

ディズニー・リテラシーを涵養した外部要因

だがその後、TDLは発展を遂げることになる。これにはいくつかの要因がある。テーマ性の徹底と充実、キャストの教育水準とホスピタリティーの高さなどがそれだが、こうしたTDLを運営する側のシステムについてはすでにあちこちで言い尽くされているので、本書では特に取り上げない(テーマ性については第3章「テーマパークの本質:1――情報圧によるめまい」と第4章「テーマパークの本質:2」で詳述)。むしろここでは、TDLの発展を推し進めた外部要因について二つほどあげておきたい。

一つは、本家アメリカ側の改革だ。一九八四年、ザ・ウォルト・ディズニー・カンパニー(以下、WDCと略記。当時ウォルト・ディズニー・プロダクション)に企業買収騒動が発生したのち、新たに就任したCEOマイケル・アイズナーのもとで大改革がおこなわれる。九〇年前後には新プリンセス三部作『リトル・マーメイド』（監督：ジョン・マスカー／ロン・クレメンツ、一九八九年）、『美女と野獣』（監督：ゲイリー・トゥルースデイル／カーク・ワイズ、一九九一年）、『アラジン』（一九九二年）などによってワールドワイドでのマーケティングに成功。こうした世界的なディズニー人気が、ディズニー・リテラシーの涵養を、そしてTDLの人気を後押しするようになったのである。

もう一つは、TDLのロケーションだ。TDLが人口五千万人近い関東圏とその周辺地域に住む人々に訴求でき、また東京駅からも電車で十三分という、きわめて交通の利便性にすぐれた場所に造られたことだ。これによって、非日常であるはずのディズニーランドという夢の国が、多くの人間にとって出かけようと思えばすぐに行くことができる「日常的な非日常の場所」になり、結果として多くのリピーターを生み出すことになったのだ。一九九〇年代に入ると、一年間を通して入場可能になる年パスが普及し始め、リピーターの増加に拍車がかかっていく。現にいまや、TDRを訪れるゲストの九〇パーセント以上がリピーターなのである。

また一九九二年、横浜の本牧にディズニーストアがオープンする。(5) その後、ストアは全国展開を遂げ、現在は四十七店舗（アウトレット店も含めると五十一店舗）にまで拡大している。これはディズニーグッズを広く販売するための出店という戦略だ。従業員も、パークのキャストと同様のデザインを施したコスチュームを身にまとい、胸にはパークで働くキャストと同じタグを付けている。店によってはイベントを展開することもあり、これらのディズニーストアはさながらTDLのサテライト的な、いわば「いま、そこにあるプチ・ディズニーランド」といった位置づけになっているのではないだろうか。

パークとゲストの蜜月

　こうしたディズニーをめぐるインフラの充実が、一九八〇年代後半から九〇年代にかけてゲストとキャストたちのディズニー・リテラシーを押し上げていくことになる。九〇年からは年間入場者数が毎年一千五百万人を超えるようになった。TDLオープン時に子どもだったゲストは、大人になって子どもを育て、今度はその子どもたちがディズニーファンとなり、さらには大人になって、再び子どもを育ててパークに連れてくるという、ディズニーファンの世代的な再生産を繰り返すことになっていく。

　ウォルトがディズニーランドに吹き込んだ「ファミリー・エンターテインメント」、つまり家族みんなが楽しめるという状況は、一九九〇年代にはゲストの間でも完全に実現したといえる。キャストのほうも、その入社動機は「ディズニーランドで働きたいから」というものへと変化していった。また、たとえば修学旅行先が東京の場合、そのほとんどの学校でスケジュールの一つに組み込まれるほどTDLは認知されるようになったのである。

　一九八九年のある日の夜、僕はトゥモローランドのショーベース2000（現ショーベース）で前年度から開始されていたステージ・ショー「ワンマンズ・ドリーム」の最終回公演を見ていた（現在、同じ場所で開催されている「ワンマンズ・ドリームII――マジック・リブズ・オン」はこれをリニューアルしたもの）。ショーはジャパン・オリジナルで、ウォルトのハリウッドでの成功を象徴的に表現したミュージカル。文字どおり「一人の男の夢」を描いた作品だった。このショーはそれまで開催されたもののなかでもとりわけ評判が高く、リピーターたちのお気に入りの催しの一つだった。

ショーが終わると、熱狂に包まれたゲストたちは立ち上がって拍手をし始めた。なかには涙しているゲストもいる。そしてその拍手はやむことなく、次第に手拍子へと変わっていったのだ。ゲストたちはアンコールを求めたのである。

だが、ショー自体は録音された音楽に合わせてキャラクターたちやダンサーが踊るというものにすぎない。ショーのなかの音声も、録音されたものが流れるだけの、いわゆる「口パク」である。だから当然、アンコールの用意などはない。

しかし、それでも拍手は延々と鳴りやむことがなかった。そこで、運営側は再びキャラクター全員をステージに立たせ、幕を開けて手を振るというかたちでアンコールに応えたのだった。

僕はこのとき、「送り手＝ＴＤＬ側」の「受け手＝ゲスト」への「教育」の完成をみた思いがした。ゲストたちは、パークにリピーターとして足繁く通い続けるなかで、ついにディズニーの理念、つまりウォルト主義を体得したのである。一九九〇年代前半、ウォルトとディズニーは日本人に完全に受け入れられて、パークとゲストは蜜月関係を迎えていた。

注

（1）これらの事実関係については主として手塚治虫の公式ウェブサイト「TezukaOsamu.net」（［http://

tezukaosamu.net/jp/mushi/201302/column.html]［アクセス二〇一六年五月三十日］）に基づく。

（2）「COMIC BOX」一九八五年九月号（ふゅーじょんぷろだくと）を参照。

（3）空手チョップなどは、さながら神風特攻隊が功を奏したかのような存在に見えたのではないだろうか。試合の合間には番組のスポンサーだった三菱電機が自社の掃除機をリング上で作動させるというパフォーマンスをしていたのだが、この掃除機の名前が「風神」だった。これは、逆さに読めば「神風」だ。ここから戦中に一発逆転をねらった神風特攻隊をイメージすることはたやすい。

（4）これらのなかで『くまのプーさん　完全保存版』に登場するキャラクターや、『おしゃれキャット』の雌の子猫であるマリーはいまや人気者だが、いずれも認知されたのはTDRのなかで取り上げられたあとである。

（5）現在の経営母体はOLCではなく、ディズニー関連のグッズやイベント全般を取り扱うウォルト・ディズニー・ジャパンである。

第3章　テーマパークの本質：1――情報圧によるめまい

1　テーマパークとは何か

ＴＤＲとゲストが蜜月を迎えた一九九〇年代。しかし、九〇年代も後半に入ると、この関係は次第に怪しくなってくる。ゲストは、必ずしもパークが提供する情報やルールに従順ではなくなっていくのだ。パレードルートに何時間も前からレジャーシートを広げて場所取りをしたり（本来ルートは通路なので、ほかのゲストの通行を妨げてしまう。こうした場所取り行為をＤヲタたちは「地蔵」と呼んでいる。レジャーシートに腰を下ろし、自分の周辺にいくつものキャラクター人形を並べてパレードを待つ姿が、さながら道端の地蔵群のように見えるからだ。パレード待ちをする行為は「地蔵する」と呼ばれている）、弁当を持ち込んで堂々と広げたり（弁当の持ち込みは禁止。持参した場合には、いったんパークを出てゲートの手前にあるピクニックエリアで広げることが許されている。再入場可能）といった行動がその端緒なのだが、その後、こうした「ルール違反」の状態にどんどん拍車がかかるようになっていく。そして、それが第1章でみたような現状へとつながるのだ。

だが、こういった一九九〇年代以降のＴＤＲの変容状況の分析については第5章「テーマ性の崩壊」以降に譲り、本章と次章では、変容のキーになった「テーマパーク」という概念について考えていく。というのも、この概念こそがＴＤＲの比類なき発展を可能にしたと同時に、その崩壊こそが現在のＴＤＲの変容を生み出した要因にほかならないからだ。第1章で示したように、テーマパークとは「一定環境を国や歴史、物語といった統一テーマに基づいて構築したレジャー施設」を指している。とはいえ、この定義はかなり曖昧だ。もう少し詳細に立ち入らなければ、テーマパークの本質はみえてこない。

そこで、まずはＴＤＬにあるテーマランド「トゥモローランド」を分析対象として取り上げる。テーマパークという概念を分析する際にキーになるのは、この概念を構成する「ジャンル」と「物語」という二つの視点だ。

トゥモローランドのジャンル

一つ目の視点として、「ジャンル」から説明したい。トゥモローランドは、ＴＤＬの玄関口とでもいうべきワールドバザールのちょうど右隣に位置する。「トゥモロー」とは「あした」、つまり「未来」を指している。すなわち、このテーマランドのジャンルは「未来の国」である。そのため、ランド内に配置される施設はすべて「未来」という「ジャンル」のなかに収められている。

アトラクションからみていこう。大人気のスペース・マウンテンは宇宙空間をハイスピードで駆け抜けるジェットコースター、スタージェットはスペースシャトルを模した旋回型の小型ジェットだ。グランドサーキット・レースウェイは幼児も乗ることができる、まさにファミリー向けのゴーカートだが、コースや車（レーシングカー）のデザインに未来のテクノロジーのイメージを付している。このように、宇宙工学や最新の科学技術など、未来を意識させるアトラクションがランドを埋め尽くしている(1)。

次にレストランだが、建物のモール類などにはステンレス素材が用いられ、ブルー、オレンジ、イエローなどの色を基調とした幾何学的なデザインが施されている。大型レストランであるトゥモローランド・テラスとプラザ・レストランなどは、さながらモダンな空港のトランジットルームを彷彿とさせ、徹底して「未来のイメージ」を採用していることがうかがえる。

さらに細かくみていくと、ゴミ箱もステンレスにブルー・オレンジ・イエローなどの色を組み合わせたデザインだし、キューイングのバー（長蛇の列ができる際に設置されるラインを作るためのポール）もやはりステンレスだ。チュロスを売るスタンドタイプのレストラン、ライトバイト・サテライトにいたっては、店全体がステンレス。チュロスは、さながら『スター・ウォーズ』（監督：ジョージ・ルーカス、一九七七年）で戦闘時に使用される刀＝ライトセイバーのようなイメージだ。光っているように見せるためか、売っているのはピンク色のストロベリー・チュロスで、この食品サンプルを電球のフィラメントのようにカプセルに収納して飾っている。

このように、トゥモローランドは「未来の国」というテーマのもとにそのジャンルに適したアトラクションやレストランを配置し、さらにそのなかの売り物、トイレ、ゴミ箱、キューイングのバーといった些細なものにいたるまでジャンルに適合させてジャンルを何重にも重ね合わせ、さながら「入れ子」的に配置する構造によって、テーマの統一性を保っている。そう、どこまでいっても「未来の国」なのである。

物語を付与する

興味深いのは、徹底的にジャンルを統一したこれらの施設の多くに、二つ目の視点である物語（バックグラウンドストーリー）が付与されていることだ。

アトラクションのスター・ツアーズ[2]をみてみよう。物語の舞台はスター・ウォーズ（宇宙戦争）がいったん終息して平和を取り戻した銀河系である。戦いを終えた『スター・ウォーズ』のキャラクターC-3POとR2-D2は、持ち主のハン・ソロの計らいで、スター・ツアーズという宇宙旅行会社にそれぞれ通訳兼ガイド役、ナビゲーター役として貸し出される。R2-D2はスタースピーダー3000という宇宙船（スペース・ライナー）に乗り込み、森林の惑星エンドアへの旅へと観光客をいざなう。そして、パイロットを務めるのは新米ドロイド（ドロイドは映画『スター・ウォーズ』シリーズに登場するロボットの総称）のＲＸ－24（通称

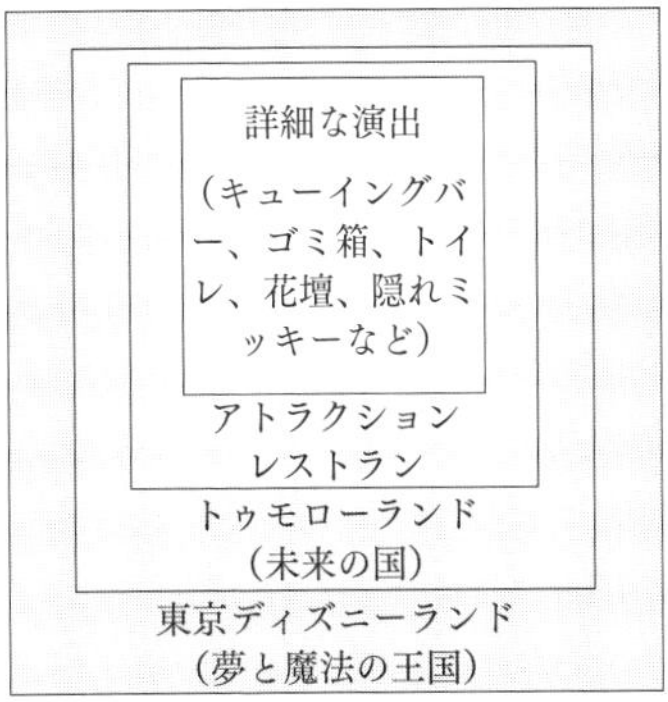

図1　テーマの入れ子構造（トゥモローランド）

キャプテン・レックス)、というように、アトラクションの前口上を構成する背景要素だけでも、かなり細かく物語を設定している。

ゲストはスタースピーダー3000に乗り込む前に、空港ならぬ宇宙空港を通過することになる。そこにはフライト・インフォメーションの掲示が日本語と英語、そして宇宙語で交互に表示されている。ちなみに宇宙語は、矢印やローマ数字を組み合わせたようなもの。また壁面上部には、乗客の手荷物(宇宙人の所持物だからか、そのデザインも少し変わっている)が運ばれるコンベヤーが見えるのだが、こうしたこまやかな演出が「これから、いよいよ宇宙へ旅立つ」といったムードをいやがおうでも盛り上げる。続いて通路を進んでいくと整備工場のなかが覗けるようになっていて、部品を修理しながら独り言を言い続けるドロイドや整備業務に携わる宇宙人たちを目にすることができる。ここは、さながら「宇宙空港の裏側を紹介」といったところだろう。そしてトランジットルームを抜け(これも空港のそれを踏襲したデザイン。ただし、未来風のテイストを挿入している)、最終的に搭乗する。このような流れでプレショー(アトラクションに乗る前に「物語=いわれ」を説明したりムードを醸し出したりする演出)を展開するのである。

実際にスタースピーダー3000の旅が始まると、ゲストたちはダース・ベイダーが率いる帝国軍の残党と新共和国軍の戦闘宙域へ巻き込まれてしまうことになる。お約束の展開、といったところだが、ゲストはここから「スター・ツアーズ」という胸躍る大冒険の物語の出演者へと一気に転じることができるのだ(3)。

もちろんこのスター・ツアーズ、物語を構成するうえでのジャンル面での工夫もかなり凝らしていて、『スター・ウォーズ』との関連性を強めるためにロゴを同じデザインにしている。こうすることで、このアトラクションは『スター・ウォーズ』という、より包括的なジャンルの下位ジャンルという位置づけになる。プレショーにも、前述したように様々なドロイドや宇宙人を配置して、旅を連想させる宇宙空港や整備工場などの舞台も用意している。つまり、未来や宇宙といったジャンルに基づいて統一したうえで、ゲストが物語に参加できるような仕組みが考えられているのだ。そして、こうした工夫はスター・ツアーズ以外のほとんどのアトラクションにもみられるのである。

「統辞＝物語」と「範列＝ジャンル」

このように、テーマパークというTDRのコンセプト、つまり「テーマ性」は、「物語」と「ジャンル」という二つの視点から成り立っている。専門的な用語に置き換えれば、テーマ性は「統辞（syntagmatic）＝物語レベル」と「範列（paradigmatic）＝ジャンル・レベル」から構成されていることになる。

わかりやすく説明してみよう。英語の文型はＳＶ、ＳＶＣ、ＳＶＯ、ＳＶＯＯ、ＳＶＯＣの五つからなる。これは、単語（厳密には分節）の連結の仕方を意味しているのだが、こうした単語の配列についてのルールに関する議論を「統辞論」と呼ぶ。

一方、このとき、Ｓ、Ｖ、Ｏ、Ｃそれぞれの部分に配置する単語にも一定のルールがある。たとえば、Ｓ＝主語ならば名詞、そしてその多くは人が該当するといったように（ここに代名詞をおく場合には主格でなければならない）、Ｖは動詞、Ｏは名詞、Ｃは名詞や形容詞などが選択される品詞として規定されている。このようなそれぞれの統辞を構成する各単位に割り当てられたルールに関する議論を「範列論」と呼ぶのだが、ざっくりといえば前者は物語、後者はジャンルについてのルールということになるわけだ。

ちなみに統辞的部分と範列的部分は文法的な面だけでなく、意味的な面でも相互に関連している。たとえば、第三文型（S＋V＋O）の文、"I eat an apple." の場合をみてみよう。主語＝Sが「私」という人で、述語動詞＝Vが「食べる」という動作動詞ならば、目的語＝Oは「食物」でなければならない。このとき、目的語＝Oが「人」だったら「人食い人種」になってしまうわけで、統辞的には問題なくても、範列＝意味レベルで問題が生じる。この場合には、統辞的なルールが範列的なものに含まれる単語（目的語）を規定していることになる。ちなみに、記号論ではこのことを「意味的選択制限」と呼ぶ。

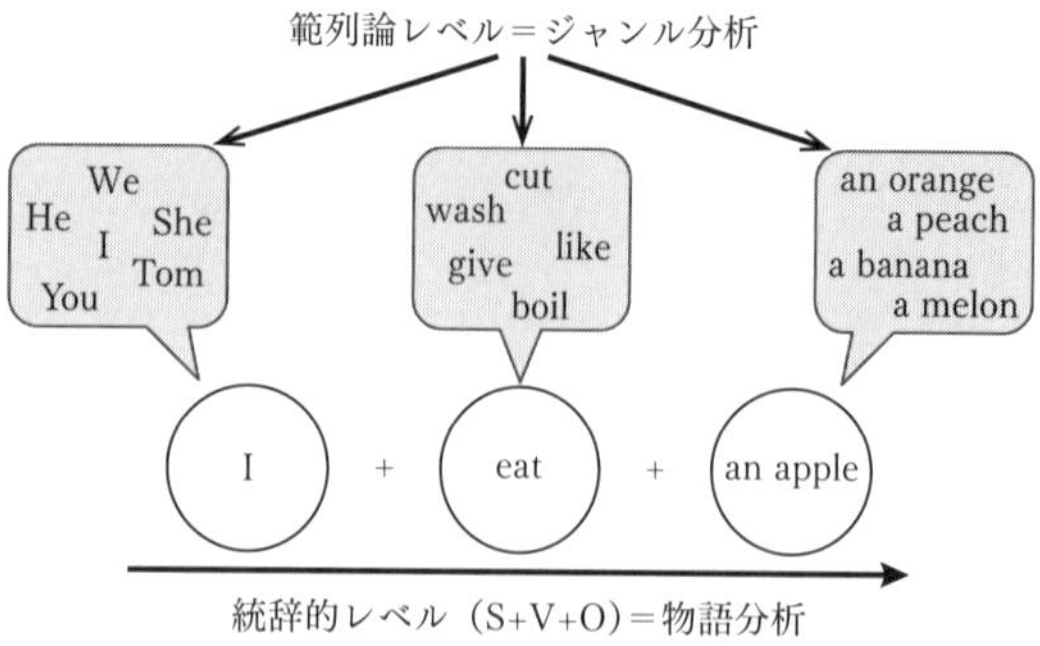

図2　テーマ性の2つの軸：統辞と範列

これをテーマパークに当てはめるなら、私たちはパーク内で「範列＝ジャンル」が統一された環境におかれ、そのなかで一連の「統辞＝物語」を理解して、さらに「ジャンルと物語のつながり」を感じることでテーマ性のなかに包まれるということになる。つまり、先ほどみてきたスター・ウォーズでは、「未来の国」という範列＝ジャンルに沿う要素を配置して、そこに『スター・ウォー

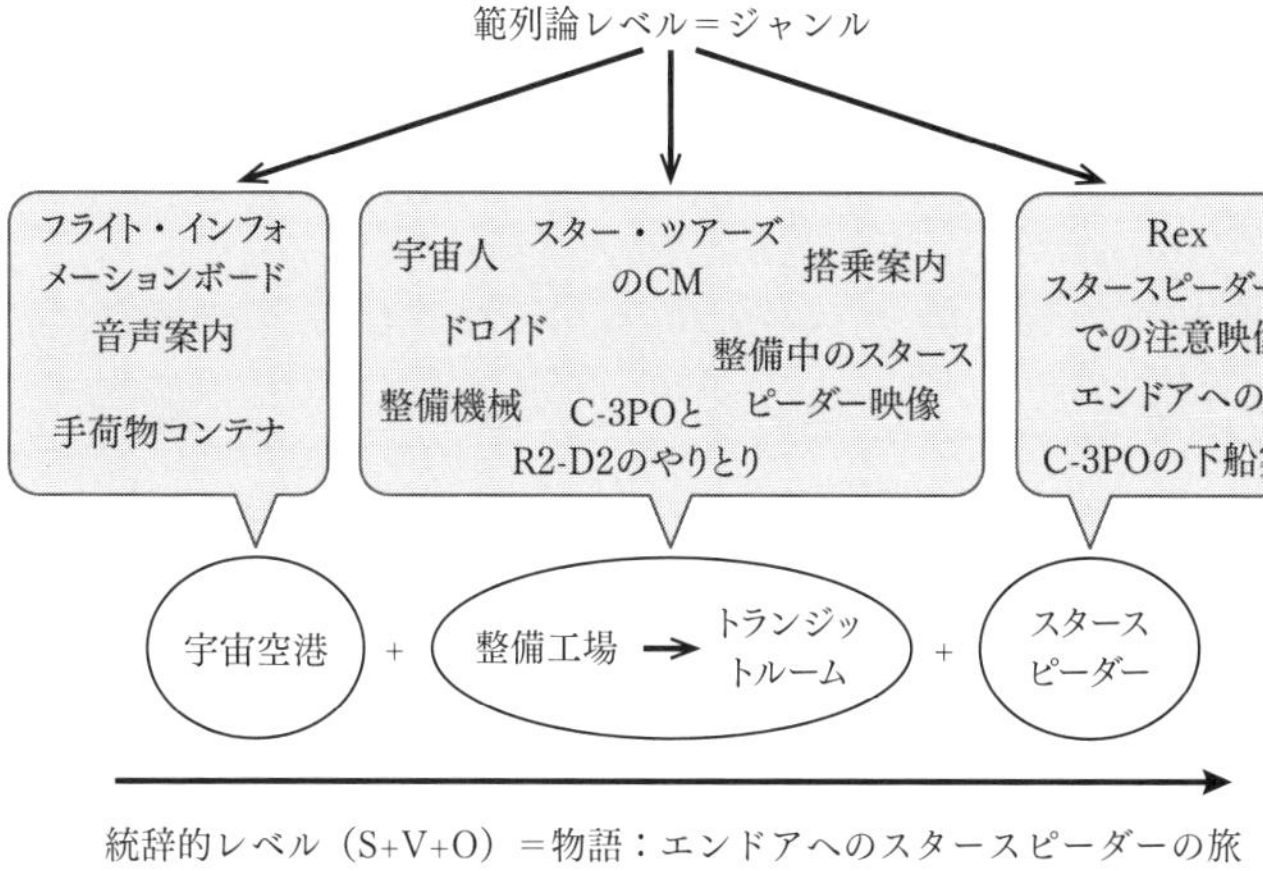

図3　スター・ツアーズのテーマ性

ズ』のキャラクターたちとの宇宙旅行（スター・ツアーズ）」という統辞＝物語を付与することで、ゲストに強いテーマ性を感じさせる構造になっているのだ。そして、そこでは意味的選択制限が生じるので、たとえば「宇宙服を着たミッキーにガイドをさせたい」と思っても、スター・ツアーズではガイド役としてふさわしくないと判断されることになる。

２　テーマ性の入れ子構造

このような統辞—範列構造としてＴＤＲのテーマ性をみていくと、非常に興味深いことに気づく。ＴＤＲで、この二つの構造は一つのアトラクションや一つのテーマランドに収束しないのだ。たとえば、前述のスター・ツアーズから一歩外に出たときに、私たちはテーマ性のもっと大きな広がりに遭遇することになる。

スター・ツアーズの出口は二階にあって、ゲストはペデストリアン・デッキ（空中歩廊）で通路の反対側に押し出されるという少し変わった構成になっている。しかし、この構成こそがスター・ツアーズの統辞―範列構造を拡張するパスになっているのだ。

ペデストリアン・デッキを渡ると、向かって左は階段で出口になっているが、右に進むとレストラン、パン・ギャラクティック・ピザ・ポートに出る。ここで販売しているのはその名のとおりピザだ。しかし、「未来の国」というジャンルのなかでピザを売るのは範列＝ジャンル的にちょっとおかしい。それこそ宇宙食みたいなものを販売するべきなのではないか。だが、実はここでも統辞―範列構造によって見事に物語＝いわれが確保され、ピザを販売すること自体が、トゥモローランドの、そしてスター・ツアーズのテーマ性を補強する構成になっているのだ。

このレストランは、イタリア系宇宙人トニー・ソラローニが経営する地球一号店という設定だ。カウンター上のファサードにはソラローニがどっかりと座って店と商品の説明をしている。そして、その周辺ではピザマシン PZ-5000 のディスプレーがガチャガチャと稼働している。確かに店自体は未来という範列＝ジャンルに従って構成されているようだが、それでもどうして売っているものがピザなのかがやはりしっくりこない。しかし、ここでスター・ツアーズとの大きな関わりが登場してくると話は違ってくる。

私たちがピザ屋といわれて思い出すのはどんなものだろう。一般にはピザーラやドミノ・ピザ、シカゴピザ、ピザハットといったところではないだろうか。これらに共通する営業形態はデリバリー、つまり宅配である。パン・ギャラクティック・ピザ・ポートは、「太陽系内なら一土星日以内

	宅配ピザ屋	パン・ギャラクティック・ピザ・ポート	スター・ツアーズ
運搬物	ピ　ザ		観光客
運搬場所	家 庭	惑　星 （銀河系内）	惑　星 （エンドア）
統辞＝物語	運搬の物語		

図4　ピザをトゥモローランドで販売することのテーマ的な根拠（パン・ギャラクティック・ピザ・ポート）。「運搬の統辞＝物語」が宅配ピザ屋、パン・ギャラクティック・ピザ・ポート、スター・ツアーズそれぞれに共通していて、したがってそれぞれの物語自体が「運搬」という範列＝ジャンルに含まれる。パン・ギャラクティック・ピザ・ポートは宅配ピザ屋の範列的要素＝ピザの提供とスター・ツアーズの範列的要素＝惑星間の運搬をそれぞれ併せ持つことによってスター・ツアーズと宅配ピザを関連させ、トゥモローランドでのピザの販売が範列的にそぐわなくなることを担保している

に配達」と宣伝しているとおり、宅配のピザ屋で、この「宅配」という形態そのものを統辞＝物語としているのだ。パン・ギャラクティック・ピザ・ポートとは、すなわち「パン＝汎（全）」「ギャラクティック＝銀河」「ピザ・ポート＝ピザの港」。銀河系内すべてにピザを宅配することがこの店の業務形態であるという統辞＝物語構造になっている。さらに、この「近隣へのピザの宅配」の統辞＝物語と「ほかの星へのピザの宅配」の統辞＝物語が範列的に併置されることで二つは親和性が高められ、それによって意味の転移が発生することで、「未来の国でピザを販売する」というテーマからの逸脱が免罪される。「近隣へのピザの宅配」の統辞＝物語が「ほかの星へのピザの宅

配」という統辞＝物語を経由して間接的にスター・ツアーズの「エンドアというほかの星への旅」という統辞＝物語と接続されるからだ。宅配のピザ屋ではピザを店から家庭へ、パン・ギャラクティック・ピザ・ポートではピザを星から星へと宅配するのだが、スター・ツアーズでは観光客を星から星へといざなうのである。言葉を換えれば、いずれも「運ぶ」という点で同じ統辞構造があることによって、「近隣へのピザの宅配」「銀河系内への配達」「エンドアへの旅」という三つの統辞＝物語が範列的にシンクロし、それがより大きなテーマランド「トゥモローランド（未来の国）」のなかに埋め込まれることで強烈なテーマ性を形成している。そう、これもまた「入れ子構造」になっているのである。

TDLでのテーマの重層性

この統辞と範列からなる入れ子構造を踏まえて、TDLを改めてみてみよう。まず、アトラクションやレストラン、アトモスフィア・エンターテインメント（通路などで催される小規模なショー）など、ミクロなレベルでの統辞―範列構造がある。ちなみに、これがさらにミクロなレベルになれば、前述したようにキューイングのバーやゴミ箱のデザインにも波及する（ディズニーランドではテーマランドに合わせて、ゴミ箱にはすべて異なったデザインを施している）。それらが集合して、トゥモローランド（未来の国）などのテーマランドという中規模の統辞と範列を構成する。さらにこれらがマクロなレベルでくくられ、「夢と魔法の王国」という、ディズニーランドがもつ最大の統一テーマを形成する。

また、それ自体はミクロな範列構造ではあるが、マクロなテーマである「夢と魔法の国」というコンセプトをきわめて細部のレベルでフォローしている範列が、パーク内の様々な演出だ。パーク内には常に花が咲き誇っている。そのほとんどは本物であり、大量の花や植物がきちんとメンテナンスされている。あるいは、あちこちで鳥の声や水音などが聞こえたりするのだが、これらも環境音としてスピーカーから出力されているものだ。いわゆるサウンドスケープ・デザインを施してパークの統一した環境イメージを構築しているのである。

そして、こうした演出のうち、究極の範列といえるのが「隠れミッキー」にほかならない。たとえば、これは定番とされているものだが、プラザ側からシンデレラ城内部へと向かう双方向からのスロープの手すりのくりぬき部分（六〇度回転させるとミッキーになる。ここではゲストが顔を斜めに傾けてくりぬき部分から撮影するのが「お約束」である）、レアなものになるとパーク内の植物の葉にくりぬかれたもの、あるいはカストーディアルキャスト（パーク内のゴミを集めるキャスト）が枯れ葉や水で地表に描いたものなどを見ることができる（ただし、こちらはその場限りのため、なかなかお目にかかるチャンスはないのだが）。

このように、パーク内のいたるところでミッキーの形をかたどったデザインが隠されていて、これを探すことがゲストの楽しみの一つになっているのだが、こうした超ミクロともいえる範列もまたパーク全体を彩る重要な要素を形成して、ここがＴＤＬだというテーマ性の確保を可能にしているのである。

一九八三年、ＴＤＬオープン時に絶賛されたテーマパークというコンセプトは、それまでわが国の遊園地がさしたる脈絡もなく作られていたこともあって、そのコントラストはいっそう明瞭だった。たとえば、ＴＤＬ開園以前、東京への修学旅行で一般に訪れる定番の遊園地は後楽園ゆうえんちだったが、ここではジェットコースターや観覧車、メリーゴーランド、お化け屋敷といった「遊園地」というカテゴリーに定番の乗り物が、狭いエリアに規則性もなく配置されているという具合だった。また、ＴＤＬ開園後、この「テーマパーク」というコンセプトを模倣して様々なテーマパークが建設された。サンリオピューロランド、パルケエスパーニャ、ユニバーサル・スタジオ・ジャパン、レオマワールド（現ＮＥＷレオマワールド）、スペースワールド（二〇一七年閉園）、長崎オランダ村（のちにハウステンボスが吸収）を典型とした各国の名前を冠した「〇〇村」など。だが、その多くは結果的に失敗に終わり、元祖のＴＤＬばかりが栄華を極めていくことになった。

その理由はもうおわかりだろう。同じテーマパークとはいっても、ＴＤＬが設定しているテーマの重層性のレベルはほかと全く違っていたのだ。ＴＤＬは何重もの入れ子構造を作って、どこまでもテーマを徹底している。ここが、ほかのテーマパークとは圧倒的に異なっていたのである。

3　TDSでのテーマの重層構造

ディズニー要素がきわめて希薄なTDS

テーマがいたるところに重層的に配されているＴＤＬ。だが、ひるがえって考えてみると、実はこうした「重層性」さえ備えていればテーマパークは成立して、ディズニーキャラクターの存在などさしたる問題ではないのではないかという問いも生まれそうだ。つまり、ＴＤＲはディズニーのキャラクターが闊歩するテーマランドとして一般的に認知されてはいるが、本当の魅力はキャラクターにあるのではなく、むしろテーマの重層性にあるのではないか。そのことを体現しているのが、二〇〇一年にオープンしたＴＤＳだろう。

ＴＤＳは、メディテレーニアンハーバー、アメリカンウォーターフロント、ポートディスカバリー、ロストリバーデルタ、アラビアンコースト、マーメイドラグーン、そしてミステリアスアイランドの七つの「ポート」（ＴＤＬの「ランド」に相当する）からなるテーマパークで、いわば「第二のＴＤＬ」である。第１章で述べたように「大人向けディズニー」といった趣が強いが、実のところディズニーに関する要素はＴＤＬに比べて希薄だ。

たとえば、パークに入って向かって左側にあるテーマポート、アメリカンウォーターフロントを取り上げてみよう。ここは、アメリカの典型的な港湾都市「ニューヨーク」、その東北部マサチューセッツ州の漁村「ケープコッド」、そして古きよき移動遊園地「トイビル・トロリーパーク」の三つのサブエリアが設定されているのだが（「トイビル」は二〇一二年から）、オープン時にはこのエリアでのディズニーキャラクターの存在はきわめて希薄だった。ケープコッドのショップ、アーント・ペグズ・ヴィレッジストアで食器と並んで『くまのプーさん』グッズが、ニューヨークのショップ、スチームボート・ミッキーズとマクダックス・デパートメントストアでディズニーグッズが販売されていた以外、ここに恒常的に登場するキャラクターや、キャラクターをフィーチャーした

アトラクションは存在しなかったのだ。(4)

にもかかわらず、開園当時からこの場所がディズニー世界であることを実感できたのは、TDLのテーマパーク運営のノウハウをふんだんに盛り込んだ「シー」、つまり「海」というテーマの重層性に基づいた空間だったからだろう。

アメリカンウォーターフロントのサブエリアの一つであるニューヨークを例にとってみよう。それぞれのアトラクションは、二十世紀前半のニューヨーク・マンハッタンがテーマになっている。当時のニューヨークでは路面電車（ディズニーシー・エレクトリックレールウェイ）が走り、ミュージカルやビッグバンドジャズの演奏が繰り広げられ（ブロードウェイ・ミュージックシアター）、摩天楼という名称が与えられたように高層ホテル（タワー・オブ・テラーのホテルハイタワー。ただし、オープンは二〇〇六年）が林立していた。

TDSでは、もちろんこのポートにもレストランを配置しているのだが、これも同時代のニューヨークをテーマにしている。埠頭に停泊する旅客船S・S・コロンビア号は一九一二年、初航海でニューヨークから出港する物語をもつが、そのなかの三階、Bデッキにある S・S・コロンビア・ダイニングルームは大型旅客船のレストラン（向かう先がヨーロッパなので料理はフレンチ、内装はアールヌーヴォー）、二階のCデッキにあるテディ・ルーズベルト・ラウンジは二十世紀初頭の大統領セオドア・ルーズベルトを称えたラウンジという設定になっている。またセイリングデイ・ブッフェは旅客船ターミナルを利用した設定の、バイキング形式のレストランになっている。

アメリカンウォーターフロントに典型的にみられるように、設計にあたりTDSはTDLの構造を踏襲している。アトラクションはもちろんレストラン、トイレ、ゴミ箱、キャストのコスチュームといったものも同様にテーマで統一していた。また開園にあたっては多くのキャストがＴＤＬからＴＤＳへと異動させられていたため、ＳＣＳＥの運用についてもスムーズだった。これは一九八三年のＴＤＬ開園時にみられた混乱とは対照的だ。二〇〇一年九月のオープン時、ＴＤＳはディズニーキャラクターの数がＴＤＬに比べて少ないにもかかわらず、ＴＤＬと同様の重層性を備えることで、すでにディズニーの色彩を漂わせていたのである。

「めまい」の誘惑――「量」から「質」への転化

十九世紀末から二十世紀初頭のニューヨークには、一般に摩天楼や移民が上陸する活気あふれる港町といったイメージがある。ＴＤＳが作ろうとした空間はまさにそれだ。すべてのイメージをジャンルとして範列的に統一しているので、ゲストは九十年から百年ほど前のニューヨークにタイムスリップした気分に浸ることができる。

もちろん、アメリカンウォーターフロントのニューヨークにあるこれら施設にも濃密な統辞＝物語が加えられている。たとえば、アトラクション、タワー・オブ・テラーでは呪いの偶像シリキ・ウトゥンドゥをめぐる物語が展開される（詳細は後述）。ミュージカルが催されるブロードウェイ・ミュージックシアターの二軒先にあるニューヨーク・デリはニューヨーク名物のベーグル、パストラミなどを提供するレストランで、ミュージカルの観客や役者、ミュージシャンが集う場所という設定だ。ここには隣にある新聞社ニューヨーク・グローブ通信（ニューヨーク・デリとブロードウェイ・ミュージックシアターの間にある）の記者で、恐怖の館であるホテルハイタワーへの立ち入りに警告を与える記事を書いていたマンフレッド・ストラングがしばしば食事をしていたという物語が付与されている。レストラン櫻は日本人移民が魚市場を改造してつくったシーフード・レストラン。そしてこれら施設を垣間見ることができるように敷設されているディズニーシー・エレクトリックレールウェイは一九一〇年代にニューヨークを走っていた高架式の路面電車で、当時の人々がイメージしていた未来のポート、ポートディスカバリーとの間を往復するが、そうすることで市電が「過去」と「未来」（レトロ・フューチャー）を結ぶという設定になっている。S・S・コロンビア号は前述したように初航海に旅立とうとする豪華客船。またS・S・コロンビア号の手前に広がる広場、ホレイショースクエアには巨大なスクリューが飾ってあるが、これはS・S・コロンビア号を所有しているU・S・スチームシップ・カンパニーが所有していた豪華客船の一つガルガンチュア号のもので、一八八八年初航海の際にオーストラリア・サンディ岬沖で沈没したものを引き揚げたとされているなど、とにかく様々な物語が施設に付与され、それらが絡み合っている。つまり、テーマに基づく圧倒的な情報量が、結果として「テーマ性がもたらす究極のリアリティー」というファンタジーを感じさせるという、質的変容をみせているのである。

このことは、フランスの社会学者ロジェ・カイヨワの遊びの概念を用いて考えるとわかりやすい。カイヨワは遊びの要素として、アゴン（競争。かけっこや格闘技など）、アレア（偶然。くじ引きやジャンケンなど）、ミミクリ（模倣。ままごとやものまねなど）、イリンクス（めまい。ブランコやコーヒーカップなど）の四つをあげている。[5] ここで注目したいのは四つ目のイリンクスだ。

イリンクスとは、その遊びに興じることでめまい、つまり頭がグルグルと回ってしまうような状態を指す。この説明として最もわかりやすいのはジェットコースターだろう。ジェットコースターは、そのスピードと落下の際に感じる不安定な浮遊感が魅力だ。そのとき、人は瞬間的に自らの立ち位置＝所在を失い、不安な状況に陥る。ただし、人々がジェットコースターに期待しているのはまさにこの「不安な状況」なのだ。本来ならばそれは恐怖と感じるものだが、このときばかりは存在消滅がかえって快適なものになる。それは自分がおかれている周囲のなかに自らが埋没し、周囲と一体化した感覚に襲われるからだ。この自己の消滅＝タナトス（死への欲動）的な快感が病みつきになるのである。

これはおそらく人間が社会的動物で、環境と一体になりたいという願望が生物学的に存在していて、それをジェットコースターは瞬間的にではあるが実現させるからなのだろう。言い換えれば、自我を放擲することで、より大きな全体のなかに包まれるというホーリスティックな感覚を獲得することができる。これがイリンクスがもつ遊びの要素といえるだろう。

情報の横溢がもたらすイリンクス

とはいえ、イリンクスはジェットコースターに乗らなくても「膨大な情報のなかに身を投げる」ことによって獲得可能だ。

たとえば、オタクが自らのコレクションを部屋いっぱいに広げている光景を思い浮かべてほしい。このとき、彼らは部屋にちりばめられた情報のなかに身を委ねて、自らの趣味＝コレクションと一体になり、イリンクスを感じようとしていると考えられる（コレクションをすべて見えないところにしまっておいたとしたら、ほとんど意味がない）。情報という繭に埋没することで、オタクはタナトス的な状況に陥るとともに、独りぼっちではないという多幸感に包まれるのである。

「テーマ性の徹底」という形式は、まさにこのイリンクスをもたらすという点で遊びの要素を満たしている。前述したように、ＴＤＬはテーマに基づきアトラクション、レストランなど、あらゆる面で範列＝ジャンルを統一し、さらにそれらのなかに統辞＝物語を忍ばせる。それは、視覚的かつ非視覚的な情報の膨大な羅列＝横溢だ。しかもこれは入れ子構造になっている。その量は、人間が可能な処理能力をとっくに超えている。しかも、それらは単なる情報ではなく、すべて共通する「テーマ」を備えている。人々はＴＤＬにやってくることで、このイリンクス、しかも膨大な情報の爆弾によるめまいによって自らの自我を消失し、そしてディズニーという、ある意味で神話的・宗教的に統一された世界に安心して身を委ねるのだ。この快感がたまらない、だから病みつきになってしまうのではないだろうか。そして、ＴＤＬがもたらすこのイリンクスを共有している国内唯一のテーマパークがＴＤＳにほかならないのである。

タワー・オブ・テラーの二重のめまい

この落下の浮遊感からくる身体的なイリンクスと、情報の横溢からくる心理的なイリンクスを重ね合わせ、テーマパークのより重厚なイリンクスを構築しているのがタワー・オブ・テラーだ。タワー・オブ・テラーはフリー・フォールと呼ばれる垂直落下型のジェットコースターである。

箱型のライドが上下する時間は四十秒ほど（搭乗時間は二分程度）で、落下のイリンクスはもちろんあるが、ＴＤＲにあるほかの絶叫マシンと同様、一般の遊園地のジェットコースターに比べると乗っていてそれほど怖くない造りになっている。にもかかわらず胸躍るのは、ここに物語があるからだ。それが前述した「シリキ・ウトゥンドゥの呪い」である。

「シリキ・ウトゥンドゥの呪い」の統辞＝物語をみてみよう。ニューヨークの大富豪ハリソン・ハイタワー三世（以下、ハイタワーと略記）は、骨董品を世界中から収集することを趣味としていた。一八九九年、ハイタワーはコンゴ川流域に住む部族ムトゥンドゥから、呪いの偶像と呼ばれているシリキ・ウトゥンドゥを強奪に近いかたちで手に入れる。その年の十二月三十一日、ハイタワーは自らが経営するマンハッタンのホテルハイタワーに記者を集めて偶像をお披露目するための記者会見を開催した。そこで彼は「呪いなどバカげている」と偶像を蔑みあざ笑った。会見後、彼は偶像をかかえながらホテル最上階にあるペントハウスの自室にエレベーターで向かったが、突然停電が発生し、それと同時にエレベーターが落下する。エレベーターは完全に破壊された。だが、エレベーターのなかにいるはずのハイタワーは忽然と姿を消し、そこにはシリキ・ウトゥンドゥが残されているだけだった。

この事件以降、ホテルはタワー・オブ・テラー、つまり「恐怖のタワー」と呼ばれるようになり、閉鎖された。だが十二年後、建物はニューヨーク市保存協会によって修復される。そして、ゲストを呼んで業務用エレベーターでハイタワーが暮らしていた最上階へ向かう、という設定がなされているのだ。

このストーリーは、二〇〇六年のオープニングの際に TOKYO FM とポッドキャストで放送された。ゲストはアトラクションを、プレショーも含めて、このストーリーに沿って体験することになる。はじめにホテルのロビーで壊れたエレベーターに遭遇して、次いで記者会見場へ、さらにハイタワーが収集した骨董品コレクションの収納庫を通って業務用エレベーターに搭乗する。するとエレベーターはシリキ・ウトゥンドゥの呪いにかかり落下していく……。

実際に、このストーリーの詳細をすべてのゲストが知っているというわけではない。おそらくその多くは、当日アトラクションでの説明でぼんやりとしか理解していないはずだ。だが、こうしたきめこまやかなストーリー展開が、結果としてゲストが処理できないほどの膨大な情報として配置され、これが落下のイリンクスとミックスされて、三回ほどしか落下しないこのアトラクションの効果を倍増させていく。こうして私たちは心身二つ、すなわち身体的な「遊び」、そして膨大な情報の双方がもたらすタナトスの側面からのイリンクスを感じさせられることになるのだ。

このように考えると、テーマパーク成功のカギがみえてくる。これまでテーマパークとは「一定環境を統一テーマに基づいて構築したレジャー施設」と思われてきた。また、TDL（のちに建設されたTDSも含めて）もそのようなものだと認識されてきた。そして、このコンセプトに基づいたレジャー施設が国内各地に建設されたが、その多くは失敗した。

だが、TDRが構想したテーマパークとは「一定環境を統一テーマに基づいて構成し、膨大な情報を統辞的かつ範列的に配置させ、さらにそれらを入れ子構造にして、客にイリンクスを発生させるレジャー施設」ということになるのではないだろうか。このように理解すれば、各地のテーマパークがなぜ失敗したのかがよくわかる。情報圧のレベルでTDRは他を圧倒していたのだ。

注

（1）二〇一五年四月二十八日、OLCはTDLとTDSの今後十年にわたる開発構想を発表した。TDLについては「ファンタジーランドの再開発」が目玉で、既存のエリアを刷新するだけでなく、トゥモローランドの一部もファンタジーランドへと組み入れてエリアを約二倍に拡大する。ここに新たに『美女と野獣』などをテーマとしたエリアを設けるのだが、これによって現在このエリアにあるグランドサーキット・レースウェイとスタージェットは二〇一七年に廃止された。またTDSでは「北欧」をテーマとした新テーマポートを建設する。目玉は『アナと雪の女王』だ。当初はロストリバーデルタの南側に隣接する拡張用エリア（現在未使用）に建設を予定していたが変更が検討され、二〇一六年六月現在で建設場所は未定となっている。

（2）ここで分析対象としてあげるアトラクションのスター・ツアーズとレストランのパン・ギャラクティック・ピザ・ポートそれぞれの仕様については、本アトラクションがTDLに初めて登場した一九八九年オープン当時のものであることを断っておく。現行の通称スター・ツアーズ2と呼ばれるスター・ツアーズ：ザ・アドベンチャーズ・コンティニューは、向かう先がエンドア以外にもタトゥイーン、ヤヴィン第四衛星、マボーなど多様化して、ストーリーも五十四通りへと増加している。またパン・ギャラクティック・ピザ・ポートではカルツォーネ二種類がメニューの中心になり、ピザはダブルソーセージの一種類へと減った。よってテーマ性が崩壊しているため、具体例としては取り上げなかった。ちなみに現在テーマ性の崩壊がパーク内のあちこちで発生しているが、詳細については第5章で展開する。

（3）これと全く同じで、さながら作品のなかに入り込んでしまったかのような錯覚に私たちを陥らせるのが、DLの向かいにあるカリフォルニアを題材にしたテーマパーク、ディズニー・カリフォルニア・アドベンチャー・パーク内にあるカーズ・ランドだ。ここではピクサー映画『カーズ』（監督：ジョン・ラセター、二〇〇六年）の舞台になったラジエーター・スプリングスというルート66沿いの廃れた田舎町を再現しているのだが、街の構成が映画と完全に同じになっていて、訪れたゲストは映画の世界に足を踏み入れたような錯覚に陥る。逆に、このエリアで楽しんだあとで映画を見ると、映画の映像に既視感を覚えてしまう。

（4）オープン当時、このポートに登場するキャラクターはミッキー、ミニー、そしてマリー程度だった。現在ではブロードウェイ・ミュージックシアターで開催しているジャズ・ライブ「ビッグバンドビート」にミッキー、マリー、ミニー、デイジー、S・S・コロンビア号内の「タートル・トーク」に『ファインディング・ニモ』（監督：アンドリュー・スタントン、二〇〇三年）のキャラクターであるクラッシュ、「トイ・ストーリー・マニア！」に『トイ・ストーリー』のキャラクターたち、ケープコッド内ではケープコッド・クック・オフの「マイ・フレンド・ダッフィー」にダッフィー、「キャラクターグリーティング」にオズワルド・ザ・ラッキー・ラビットなどが登場している。

（5）ロジェ・カイヨワ『遊びと人間』多田道太郎／塚崎幹夫訳（講談社学術文庫）、講談社、一九九〇年

第４章　テーマパークの本質：２──ハイパーリアリティー

１　ハイパーリアリティーとは何か

ネギトロのリアリティー

さて、前章で展開した情報圧によるめまいとは別に、テーマパークが私たちを魅了するためのもう一つの条件がある。厳密に表現すれば、イリンクスの度合いをよりいっそう高めるための条件、すなわち「ハイパーリアリティー」がそれである。

ハイパーリアリティーとは、「本物より、より本物らしい偽物が備えるリアリティー」という意味だが、これでは同語反復的でわかりづらい。「本物ではなくても私たちが日常的に慣れ親しんでいるイメージのほうをむしろ本物と感じる感覚」と言い換えたらいいだろうか。

具体例で示そう。寿司ネタの一つにネギトロがあるのはどなたもご存じだろう。マグロのトロのミンチの上にネギをトッピングした軍艦巻きのことだ。だが、これは誤った認識だ。本来のネギトロとは、マグロの骨の隙間の中落ちや皮の裏の脂分をそぎ落としたものを指す。「そぎ落とす」は「ねぎ取る」ともいい、そのためこの名前が付けられたのだ。当然、ネギトロの部位のなかでもごくわずかである。必然的に価格も跳ね上がる。ところがネギトロは、回転寿司では人気メニューの一つで、百円皿に二貫乗って流れてくる安物である。つまり、あれは偽物なのだ。

回転寿司のネギトロは安価なマグロをミンチにし、さらに食用油を添加してコクを出すことで、さながら本物のネギトロのようにしたコピー食品なのだ。ただし、それでは本物と間違えるので、結局これにネギをトッピングする。つまりあれはネギ＋トロ風味＝ネギ・トロなのだ。ネギトロではない。ということは、私たちのほとんどは本物のネギトロなどお目にかかったことはなく、普段親しんでいるのは回転寿司やスーパーマーケットで販売されているネギ・トロということになる。

ところが、である。もしこんなことがあったらどうなるだろう。

あなたの前に二つのネギトロ、つまり本物とコピーが出された。そしてこれらを試食し、「どっちが本物？」と質問されたとする。もし、あなたがネギトロなど食べたことがなく、ネギ・トロに日常的に親しんでいて、それが偽物であることを知らなかったとしたら、あなたはまちがいなくネギ・トロのほうを「本物」と言うだろう。あなたにとってはコピーこそがオリジナルなのだから、当たり前だ。

そこで、種明かしである。くだんの説明をされて、あなたがずっと偽物を食べさせられていたことを知らされる。さて、そのときあなたはどういう感想をもつだろうか。「自分は騙されていたのか。許せない！」。おそらく、そんなふうに考える人間はほとんどいないだろう。むしろ「へーっ、そうだったんだ。でも、おいしければ、それでいい」と言うのが普通だろう。

　このとき、あなたは本物よりもっと本物らしい、つまり、日頃から親しんできた親密性を覚えているコピー＝偽物をオリジナル＝本物と感じている。これこそがハイパーリアルな感覚なのだ。

アメリカンウォーターフロントのハイパーリアリティー

　ＴＤＲはこのようなハイパーリアルに基づいたテーマで構築されている。再びＴＤＳのアメリカンウォーターフロントに戻ろう。前述したように、このエリアの一部は二十世紀初頭のニューヨーク・マンハッタンというテーマ設定になっているが、施設やアトラクションは微妙に年代や事実関係がズレている。

　タワー・オブ・テラーは十九世紀末の摩天楼勃興期のデザイン、ブロードウェイ・ミュージックシアターで繰り広げられているショーのビッグバンドビートは一九三〇年代に流行したビッグバンドジャズ。たとえば、ミッキーがドラム合戦を繰り広げる楽曲「シング・シング・シング」は三八年にベニー・グッドマン楽団が流行させたものだ。トイ・ストーリー・マニア！は、ニューヨークを走るトロリー列車の終点にある移動遊園地トイビル・トロリーパークのアトラクションの一つという設定になっているが、ニューヨークの移動遊園地は、どちらかといえばマンハッタンというよりはコニー・アイランドなどニューヨーク近郊のビーチが中心である（ちなみにアナハイムでの本アトラクションはＤＬの向かいにあるテーマパーク、ディズニー・カリフォルニア・アドベンチャー・パークのパラダイス・ピアと呼ばれるビーチカルチャーをテーマとしたエリアにある）。レストラン櫻は魚市場を日本人移民が改装してオープンしたシーフード主体の和食レストランだが、ニューヨークで和食がもてはやされるようになるのは八〇年代以降だ。

つまり、こんなニューヨークは当時は実際には存在しなかった。正確に時代を再現することがテーマだとすれば、テーマ性は破綻している。だが、これが実体ではなくイメージとして存在しているとなれば話は別だ。要するに、ここは日本人がレトロなニューヨークにいだく様々なステレオタイプの集合体なのだ。そして、このステレオタイプ化されたニューヨークは映画やテレビといったメディアが媒介したイメージに基づいて構成されている。だから、これこそが私たちにとっては「本物よりも、より本物らしい偽物」といえるのではないか。イメージやコピーといったものがオリジナル、つまり先行体験だとすれば、まさに本物といえる。それを忠実かつ重層的に再現した空間こそ、イメージに準拠した完璧なテーマ性を保っているからだ。アメリカンウォーターフロントは、ハイパーリアルな空間、言い換えれば「ネギ・トロこそが本物」と同様の感覚と思えるのである。

2 テーマランドはコピーのコピー

TDRはそのすべてにわたって、こうしたハイパーリアル、私たちのなかに作られたコピー、偽物のイメージが作り出したステレオタイプに基づいて構築されている。TDLを例にとってみよう。

七つあるテーマランドのオリジナルはいったい何だろうか。それぞれ未来や冒険、二十世紀初頭のアメリカの田舎町などをプロトタイプとして作られているのだが、トゥモローランドのような未来がはたしてあるだろうか。アドベンチャーランドのようなジャングルや、鳥や花が踊り歌う世界などあるだろうか。もちろん、そんなものはない。完全にイメージの世界だ。だが、それを私たちはオリジナル＝本物と感じることができる。なぜか。

それはＴＤＬが、たった一つの引用元から作られたイメージに基づいて構築されているからだ。その引用元とは「ハリウッド」である。そう、ＴＤＬの世界は徹頭徹尾、映画のなかで作られたＳＦ的な未来や、冒険やレトロな都市を雛型に構築されているのだ。面白いことに、ＴＤＬにはこの事実を自ら暴露してしまっているランドがある。ウエスタンランドがそれだ。日本以外、これに相当するランドにはすべてフロンティアランドという名称が与えられている。ここは「開拓者精神の国」、つまりアメリカの開拓時代のフロンティア・スピリットをモチーフに作られている（もちろん、これも、もとはといえば西部劇のイメージを再現したものにすぎないのだが）。

ＴＤＬの場合、建設時に「フロンティア」という言葉では日本人にとってなじみがないだろうことを配慮して、かわりに映画で親しみがある「西部劇＝ウエスタン」を用いて「ウエスタンランド」としたといわれている。

オリジナルをハリウッドとしていることは、もちろん、ＴＤＳにも当てはまる。前述のアメリカンウォーターフロントのニューヨークも、要するにギャング映画や古典映画『キングコング』（監督：メリアン・Ｃ・クーパー／アーネスト・Ｂ・シューザック、一九三三年）のなかに見られるニューヨークなのだ。映画は現実をデフォルメしてコピーする。そしてパークは、このコピーをデフォルメしてコピーする。つまりパークは「コピーのコピー」なのである。

ハイパーリアルな建築物

ハイパーリアルな演出を作り出す映画的手法を傍証するものがパークの建設技法だ。TDLに入ってすぐのところに位置するワールドバザールの建物を見てみよう。これはストリートから見れば三階建てなのだが、実際は二階建てだ。ここには「強化遠近法」という技法が用いられている。[1] 一階は実際の七〇パーセント、二階は五〇パーセント、三階は三〇パーセントの縮尺で窓の丈が短くなっている。人間の視覚が上下に鈍感なことを利用しているのだが、このような技法を用いることで実際より建物が大きく見えると同時に、視覚的になじみやすい。

また、パーク内のゲストからは見えない部分は簡易な素材で作られている。たとえば、TDLのなかでも最大級の規模を誇る屋内型のアトラクション、カリブの海賊は入り口と出口が隣接していて、パーク内からは小さなアトラクションに見える。これはパークの外側にアトラクションのほとんどの部分をはみ出させ、その部分は単に打ちっ放しの壁ないし板になっていて、緑色に塗ってあるだけである。つまり、バックステージ側から見れば、ほとんどの外観がまるで工場といった風情なのだ。これらは、すべて映画セットの技法を援用していることと関係するだろう。もっぱら私たちのイメージのなかにあるものを再現し強調する建物の造り方もまた、ハイパーリアルなのである。

二重のハイパーリアル

こうしてみると、ＴＤＲのテーマ性は「二重のハイパーリアル」という構造をもっていることがわかる。まずハリウッド映画がエンターテインメントのために現実をコピー、強調して、ある種のステレオタイプ化されたイメージ＝ハイパーリアルをオーディエンス（観客）に提供する。そしてＴＤＲは、この構築された未来や過去のイメージをオリジナルとしてコピーし、さらなるステレオタイプ化＝ハイパーリアル化を図るのだ。これらは徹頭徹尾、偽物・コピーということになるのだが、このように形成されたハイパーリアリティーを私たちはメディアを介してリアルなものとして、つまりオリジナルのイメージとして受け取っている。先にあげた例でいえば、「ネギ・トロこそネギトロ」と認識しているのと同じなのだ。つまり、ＴＤＲは徹底的に追い求めた究極のハイパーリアリティーを実現する場ということになる。そして、このようなハイパーリアル化されたイメージが膨大な情報圧で提供されるＴＤＲの世界にゲストが足を踏み入れたとき、ゲストは情報処理不能な状態に陥り、イリンクスを感じながら、テーマパークというゆりかごのなかで現実と自我を忘却して熱狂するのである。

ディズニーランドとは、単なるキャラクター・ランドではない。私たちが消費しているのはミッキーのようなキャラクターによって構成されるディズニー世界ではなく、実はウォルトが構想した、テーマパークという装置が作り出すハイパーリアリティーなのだ。だからこそ、ＴＤＳはディズニーの要素が薄くても何ら問題なく、その人気をほしいままにできるのである。

ディズニーランドとは、決して「ミッキーがほほ笑みかけてくれるところ」ではない。「ハイパーリアルが生成するイリンクスのなかで没我状態になれるところ」なのだ。これこそが、ウォルトが作り上げたテーマパークの深層、そして本質ではないだろうか。

3 ジャパン・オリジナル、ダッフィーの誕生

オリエンタルランドのトラウマ?

これまでみてきたようなイリンクスとハイパーリアリティーから構築されるTDRの徹底したテーマ性は、TDR独自のキャラクター作り、本家のディズニーとは直接関わりがないオリジナルなキャラクター開発にまで及んでいる。その象徴が「ダッフィー」だ。そこで、このTDRオリジナルのキャラクターがどのように生み出されたのかをみていこう。

TDR運営の中核となる企業はOLC(オリエンタルランド)である。OLCは、TDL、TDS、JR舞浜駅前ショッピングモールのイクスピアリ、ディズニー直営のホテル(ディズニーアンバサダーホテル、東京ディズニーシー・ホテルミラコスタ、東京ディズニーランドホテル)や系列のホテル(東京ディズニーセレブレーションホテル:ウィッシュ&ディスカバー。旧パーム&ファウンテンテラスホテル)などの事業を展開している。

OLCは、フランチャイズ方式でアメリカのウォルト・ディズニー・プロダクション(以下、W

ＤＰと略記。一九八六年にウォルト・ディズニー・カンパニー〔ＷＤＣ〕に名称を変更）からＴＤＬを誘致することを決定したが、その際、ＷＤＰ側が提示してきたロイヤリティーに苦しめられることになる。

フランチャイズ方式とは、たとえばセブン－イレブンなどのコンビニエンスストアがその典型だが、フランチャイザーである企業（この場合はセブン＆アイ・ホールディングス）がフランチャイジーの個人事業主（セブン－イレブンの店舗を経営しようとしている側）に対してセブン－イレブンの看板、ユニット、そして流通システムのすべての使用を許可し、店舗を営業させるかわりに、売り上げの一部を企業側に支払わせ続けるというものだ。その際の支払い料金のことをロイヤリティーと呼ぶが、ＷＤＰ側はＯＬＣに対して七パーセントという高額なロイヤリティーを課す契約を、契約期間五十年で一九七九年に締結した（のちに四十五年に短縮）(2)。

だが蓋をあけてみると、ＯＬＣの支払い金に対する心配は杞憂にすぎなかったことが明らかになる。ＴＤＬは予想外の入場者数で盛況となり、ロイヤリティーをやすやすとクリアしてしまう売り上げを記録したからだ。この結果にＷＤＰ側はＴＤＬを直営にしておくべきだったと後悔したほどだ。ちなみに、ＷＤＣはこの失敗を踏まえてパリのディズニーランド・パーク（当初の名前はユーロディズニーランド）を一九九二年にオープンする際にはここを直営にしたのだが、こちらは赤字経営という皮肉な結果になっている。

とはいうものの、七パーセントのロイヤリティーが高額であることに変わりはない。そこでＯＬＣは、このディズニー側からのロイヤリティーという呪縛＝トラウマから逃れるような事業をそのあとに志向していったようにみえる。どのような事業をおこなったのかについて、以下にOLCの活動を整理してみよう。

OLCは、ロイヤリティーが発生しないと思われる独自の事業、つまりディズニーとは直接関係がない業態に乗り出している。ただOLCといえば、実質「日本のディズニー」という見方が一般的だろう。それをうまく利用してディズニーの文化的資源をロイヤリティーに抵触しない程度に抑えて、いくつかの事業を展開しているのではと思われるような手法が垣間見える。

たとえば、その一つに、TDSとほぼ同時期にオープンしたJR舞浜駅最寄りのイクスピアリがある。一般的なショッピングモールだが、内装はやはりディズニー的で、OLCの子会社イクスピアリ直営店の従業員もディズニーと同様にキャストと呼ばれ、TDRのキャストとほぼ同じ楕円のネームタグを付けている（各テナントの従業員は非該当）。施設の入り口はTDR内を一周しているモノレール、ディズニーリゾートライン（これもOLCが運営している）の駅（リゾートゲートウェイ・ステーション）に隣接していて、イクスピアリを抜けた先はディズニーアンバサダーホテルに通じている。モールの中心となる二階のイベント広場のセレブレーション・プラザの前には国内最大の広さ（約千平方メートル）を誇るディズニーストアがある。このようにモール内がディズニー関連でつなげられているが、モール自体はディズニーと直接関係をもたない。これは、おそらくロイヤリティーに抵触しないで、巧妙にディズニーテイストを演出するというやり方だろう。

もう一つはコンテンツ・ビジネスである。こちらではディズニーとは関連がない独自のキャラクターを創造し、これらをショッピングモールと同様にディズニーの周辺に配置することで、さながらディズニーのキャラクターであるかのように装うという手法を採用した。二〇〇三年、ＯＬＣはＯＬＣ・ライツ・エンタテインメントという子会社を設立する。この企業が発信したキャラクターはネポス・ナポスと名付けられ、〇四年からはＢＳフジやキッズステーションで子ども向け番組として放映された。また、同年、イクスピアリの入り口にキャンプ・ネポスというキッズ向けのアミューズメント施設も開設している。前述したように、イクスピアリの入り口はディズニーリゾートライン舞浜駅の入り口横にあり、そのためディズニーの各リゾートに向かうためにこのモノレールを利用する客たちは必然的にキャンプ・ネポスの手前を通過させられるという仕組みになっていた。こうすることで、ネポス・ナポスの認知度を高めようとしたのだろう。

コンテンツにコンテンツで対抗することの無謀さ

だが、この試みは見事に失敗してしまう。ディズニーというブランドからは全く乖離した、またディズニーをイメージすることさえ難しいネポス・ナポスというキャラクターは、人々の関心を惹起するにはあまりに訴求力を欠いていた。むしろ、ディズニーのイメージを破壊しかねない、ネガティブな存在とさえ思えないこともなかった。ワールドワイドなディズニーのキャラクターというコンテンツに対して、真っ向から勝負するというのはあまりに無謀だったのだ。また、キャンプ・ネポスも、これからディズニーの各施設で楽しもうという人間からは目を向けられることもなく、閑古鳥が鳴くという状態に陥った。結果として、このキャラクターはほとんど認知されることなく姿を消してしまう（現在、イクスピアリのキャンプ・ネポスは閉鎖され、そこにはカフェやブティックなどの商業店舗が入っている)。

ＯＬＣは、コンテンツ創造については二〇〇五年からポペッツタウンというキャラクター・ワールドも展開している。しかし、これもまたそれほどの業績を上げることはなかった(ポペッツタウンは現在、ソニー・クリエイティブプロダクツが継承している)。これらの失敗を経て、〇九年、ＯＬＣ・ライツ・エンタテインメントは事業を停止した。新しいオリジナル・キャラクターによるロイヤリティーが発生しない事業展開は、この時点では全くといっていいほど功を奏さなかったのである。

ディズニーベアからダッフィーへ

キャラクタービジネスが失敗に終わる一方で、ロイヤリティーが発生するキャラクタービジネスについては、これまでとは異なった側面からアプローチをおこなうことで、ＯＬＣは新たな世界を切り開くことに成功する。ＯＬＣは、ＴＤＬとＴＤＳで培ったテーマ性の徹底という、統辞＝物語と範列＝ジャンルを合わせたコンテクスト＝文脈を踏まえたかたちでのキャラクタービジネスの展開を思い付く。それが「ダッフィー」というＴＤＳのオリジナルキャラクターだった。

日本では、ダッフィーはいまやディズニーのビッグ5(ミッキー、ミニー、ドナルド、グーフィー、プルート)に匹敵する人気を獲得している。その原型は、アメリカ第二十六代大統領セオドア・ルーズベルトが愛玩するクマのぬいぐるみ、テディベア(「テディ」とはルーズベルトのあだ名)をオリジナルとしている。このぬいぐるみを原型として、まずアメリカのＷＤＷでデビューしたのがディズニーベアだった。このディズニーベアがＴＤＳに輸入されたのは二〇〇四年。アメリカンウォーターフロントのケープコッド内にあるショップ、アーント・ペグズ・ヴィレッジストアに、クリスマスグッズの一つとして登場した。それまでこの店内ではカントリー風のキッチン用具、また『くまのプーさん』グッズを販売していたのだが、クマつながりでプーさんと入れ替えることにしたのかもしれない。

さらに、二〇〇五年に入りディズニーベアはダッフィーという日本独自の名称に変更される。それにともなってこのキャラクターに付随していた物語も変更された。ディズニーベアは「夜、パークのキャッスル前でお気に入りのテディベアをかかえて仲間を待つミッキーのもとに、ティンカーベルが出現して金の粉をかけて生命を与え、そのことに喜んだミッキーがハグするとテディベアの顔にミッキーの輪郭が現れた」という設定だったのだが、ダッフィーは「これから船旅に出るミッキーに、自分と離れていても寂しくないようにとミニーが自分の分身としてクマのぬいぐるみを作った」というものになったのだ。ダッフィーに加わったのは海を旅するミッキーのお供という意味づけである。ミニーがダッフルバッグに入れてミッキーにプレゼントしたことから、このように命名された。こうした物語によって、ダッフィーは海、クマ（プーさん）、そしてミッキーとそれぞれ紐付けされているということでケープコッド内に配置されたと考えられる。

ディズニー的要素をもたないダッフィー

ダッフィーには、「瞳が入った楕円の目」や「手袋の着用」といったディズニーのキャラクターに共通する要素がほとんどない。ディズニーキャラクターの文法というより、明らかに一般的なぬいぐるみのそれを踏まえている。これはミッキーが所有するぬいぐるみ、つまりキャラクター設定がもともとぬいぐるみなのだから、当然といえば当然である。形状からディズニーというジャンルに属するとわかるのは、デザインのなかに入った四つの「隠れミッキー」（顔、尻の無毛部分、両足の裏の肉球）と、手足の指が四本であることだけだ。しかも、これもまた注意して見ようとしなければ「隠れミッキー」の存在はわからない。

となると、OLCが展開したネポス・ナポス、ポペッツタウンと大きな違いはないことになる。だが、前述したように海との関連性、そしてミッキーとミニーを取り持つぬいぐるみというディズニーとの関連性づけ、すなわちコンテクスト＝文脈の付与はおこなわれている。おそらくこの関連性についてはある程度、WDC側からのロイヤリティーが発生していると推察される（キャラクターのロイヤリティーは人気によって格差があるといわれているが詳細は不明）。

こういった関連性を、ダッフィーを購入する人たちはあまり知らないと思われる。にもかかわらず、ダッフィーは大ブレイクした。

形式のなかに内容を流すこと

では、なぜダッフィーだけが成功したのだろうか。

ディズニー的な要素が薄いダッフィーというキャラクターが人気を獲得するにいたったのは、テーマ性を巧妙にキャラクター内に挿入した結果と考えれば納得がいく。ダッフィーにはTDS内での「物語＝いわれ」が明確に設定され、それがテーマパークが生成するイリンクスの一要素として機能したのである。

換言すれば、イリンクスとハイパーリアリティーを発生させる形式を用意さえしていればキャラクタービジネスも成功することを意味する。つまり、テーマ性に基づいて膨大な情報で空間を固めるという環境を構築して、そのなかにディズニーとのうっすらとした関連性を備えた統辞＝物語（船長ミッキーとミニーの仲介役）と範列＝ジャンル（隠れミッキーと四本指）が付随したキャラクターを配置すると、それはさながらディズニーキャラクターの一員であるかのようなリアリティーを備えることができるのだ。ダッフィーがオリジナル以上にオリジナルらしいキャラクター性を獲得する仕組みとは、このようなものではないだろうか。

ちなみに、本家アメリカでは、現在、ダッフィーはその原型のディズニーベアとともにパーク内で販売してはいるが、知名度は低い(3)。海外のパークでダッフィーが認知されないのは、このキャラクターが海外でのテーマ性のなかに埋め込まれていない、つまりテーマと関連づけられていないからだろう。裏を返せば、失敗に終わったネポス・ナポスやポペッツタウンのようなキャラクターだったとしても、ダッフィー的な方法論に基づいてパーク内に配置していれば、十分に成功した可能性があるということになる。とはいえ、テーマ性に埋め込まれたものならば、結局はロイヤリティーの呪縛から完全に逃れることはできないだろうことは想像にかたくない。その典型が二〇一六年に開業したＯＬＣ傘下の東京ディズニーセレブレーションホテル：ウィッシュ＆ディスカバーだ。これは〇五年に開業した廉価タイプのパーム＆ファウンテンテラスホテルを改装したもの。改装前、ホテルはイクスピアリと同様、ディズニー的ではあるが、ディズニーのキャラクターやデザインはいっさい施されていなかった。だが、今回は客室内も含めてディズニーキャラクターが満載だ。ただし、価格設定(一泊三万円程度)は旧ホテルの一・五倍程度に跳ね上がっている。改装のために、パークから離れたところに立地していること、そしてほかの直営ホテルと比べると簡素な仕様であることに変わりはない。要するに、これはキャラクター使用料上乗せといった側面が値上げにある程度影響していると考えていいだろう。

4 ダッフィー的システムの方法論化

実際、OLCは近年、この方法論に基づいてディズニーとは直接には関係がないハイパーリアルなキャラクターを次々と誕生させている。二〇一〇年にはシェリーメイがデビュー。シェリーメイは「もともとディズニーとの関係が薄いダッフィーの女の子のお友達」という、「遠縁のクラスメートの友人」ともいえるような、わずかながらにしかディズニーとのつながりをもちえないキャラクターである。そして、これもまたジャパン・オリジナルである。

TDS内には(TDL内でさえも)、ダッフィーとシェリーメイの二つをぶら下げて、あるいは抱きながらパーク内を闊歩するゲストが山ほどいる。パーク以外でも、バッグにアクセサリーとしてこの二つのキャラクターをぶら下げている子は多い(ダッフィーはとりわけ十代から二十代前半の女性に人気だ)。

この二つのキャラクターをぶら下げることの御利益は何かといえば、その背後にディズニー的世界を感じることができることだろう。つまり、この二つのキャラクターはディズニー世界に重層的に埋め込まれているために、ミッキーとまではいわないまでも、ディズニー世界を確かに感じられるという安心感を保持させてくれるものなのだ。つまり膨大な情報によって作られた形式が担保とされているからこそ、ダッフィーやシェリーメイの背後にはイリンクスが感じられ、ホーリスティックな気分に浸ることができる。ぶら下げられたダッフィーたちは携帯可能なＴＤＲであり、かつ、ＴＤＲのメタファーとしての記号なのである。

もちろん、ＴＤＳ側もダッフィー・シェリーメイ人気を煽ることを忘れない。第1章でも紹介したように、ＴＤＲにはフォトスポットと呼ばれるサービスがある。パークのあちこちに「PHOTO SPOT」と書かれた目印があるのだが、この前で撮影すれば、写真撮影が苦手なゲストでもパークに来たことを証明し、かつ見栄えがいい写真が撮れるようになっている。

そのなかでも、ＴＤＳには少しユニークなフォトスポットがある。ダッフィーの撮影専用に用意されたフォトスポット、「ダッフィーのフォトポイント」(計九カ所)だ。このフォトスポットには小さな折りたたみ式の椅子が置いてあり、これを開いて自分が購入した(あるいは持ち込んだ)ダッフィーを乗せ、その横に自分が立って撮影することで、きれいなツーショットができあがるという仕掛けである(このうち三カ所は同時に二体まで置くことができる。想定される二体目がシェリーメイであることはいうまでもない)。

また二〇一一年、ディズニーの文脈からさらに遠い、だがこれもクマのぬいぐるみ（ダッフィー）だけがつながっている新しい「ユニベアシティーベア」、略してユニベアというキャラクター群が誕生した。ユニベアには、ミッキーたちがディズニー・ユニバーシティーという大学の講義でルードヴィッヒ・フォン・ドレイク教授からクマの物語を作る課題が出され、これにちなんでミッキーやミニーたちが自分に似せたクマのぬいぐるみを制作したところ、動きだして一緒に授業を受けるようになったという統辞＝物語が付随している。文字どおり、ユニベアシティー（＝UniBEARsity）というわけだ。

ぬいぐるみ自体はディズニー的な文法をもたない。しかし、それぞれのディズニーキャラクターが制作したクマのぬいぐるみにはモカ、プリン、ホイップ、パフィーといったスイーツ素材の名前が与えられ範列＝ジャンルを形成している。また、ミッキーが作ったモカは赤のネクタイを着け、ネクタイの下部には白のミッキーのボタンを模したドットが二つある。ミニーが作ったプリンも頭の上に赤地に白の水玉のリボンを着けていて、ここにもキャラクターとの範列的な関連づけがおこなわれている。これが外形上での唯一のディズニー世界との接点だ。そして、これはパーク内ではなくディズニーストアで販売されるという商品展開のセグメント化もおこなわれている。

テーマパークにキャラクターは不要？

形式のなかに多少なりともディズニーと関連したキャラクターを流し込み、これをパーク内に埋め込むという手法を用いて、今後もＯＬＣはＴＤＲのなかにＯＬＣのオリジナルキャラクターを次々と誕生させていくことが考えられる。そして、これを続けていけば……ディズニーの文脈だけを拝借しながら、独自の展開を推し進めることが可能になる。(4)

ひょっとすると、将来、本家ディズニーとは全く関連がないアトラクションやキャラクターでTDRが埋め尽くされ、にもかかわらず人気は衰えることがないという状況が実現するかもしれない。しかも、ゲストたちはこれらがディズニー世界の一部であることを疑うこともなく享受するというかたちで、だ。そこに「いくつもの統辞と範列＝テーマパークの膨大な情報圧」がもたらすイリンクスとハイパーリアリティーが担保されるかぎり、この戦略は十分に有効だろう。

さらに一歩踏み込んで考えれば、最終的にテーマパークにはキャラクター＝コンテンツは必ずしも必要ないということになる。キャラクターはテーマを象徴して複雑性を縮減する装置としては機能するが、集客のポイントがあくまでイリンクスとハイパーリアリティーにあるとすれば、それはテーマパークの本質からして二義的なものでしかないからだ。もともとTDSは、ダッフィーを除けばキャラクターのイメージが希薄である。このように考えれば、キャラクターの不在は事業展開ではマイナスの影響を及ぼすことはない。

つまり、ゲストたちが享受していたのは実は徹底したテーマ性、つまり膨大な情報の横溢に基づくイリンクスとハイパーリアリティーからなる環境であって、キャラクターではない――このように結論づけることもできるだろう。

注

（1）山口有次『ディズニーランドの空間科学――夢と魔法の王国のつくり方』学文社、二〇〇九年

（2）いずれも高成田（前掲『ディズニーランドの経済学』）の試算に基づく。

（3）ディズニー・カリフォルニア・アドベンチャー・パークとエプコットにはダッフィーのグリーティング・コーナーが設置されたが、人気を獲得するまでにはいたらず、二〇一五年で、双方とも終了している。

（4）二〇一五年四月から同様のキャラクター戦略が展開された。「こひつじのダニー」がそれで、これは一九四九年に公開された映画『わが心かくも愛しき』（監督：ハミルトン・ラスク）のキャラクターである。本作は日本では公開されておらず、そのため、映画もキャラクターもきわめて認知度が低い。これを、二〇一五年は未年ということでTDL、TDS二つのパークでプロモーションが開始された。ウエスタンランドのショップ、トレーディングポストにそのコーナーが設けられた。これだけ知名度が低いと、おそらくキャラクターのロイヤリティーもかなり抑えられていると思われる。ダニー自体はディズニー映画のキャラクターなのでその文法を十分備えているが、それ以外の関連性は一五年が未年であること以外になく、パークのテーマ性への埋め込みは弱い（プロモーションのために統辞＝物語が作られウェブサイト上で公開された）。そのためダッフィーのようにブレイクするということにはならなかったようだ。ちなみに申年の一六年もこの戦略を踏襲し、TDRでは猿のキャラクターがフィーチャーされている。『アラジン』に登場するサル・アブー、そして『ジャングルブック』に登場するキング・ルイとモンキーである。

第5章　テーマ性の崩壊

1　崩壊を象徴するパレード

ＴＤＲはテーマ性の徹底によって大成功を収めた。だが、一九九〇年代以降、盤石と思われたこのテーマ性は徐々に崩壊し始める。しかも、パーク内の情報圧＝イリンクスの度合いをいっそう高めながら。言い換えれば、テーマ性が希薄化していく一方で、テーマパークとしての強度は高まるという、一見矛盾するような現象が発生していくのである。

第１章では、テーマとの統一性を欠く事態がパークのあちこちで発生していることを示したが、テーマの二つの軸、つまり統辞軸＝物語と、範列軸＝ジャンルの双方での崩壊については、その典型をＴＤＬのショーの目玉である昼のレギュラー・パレードの変遷に明確にみることができる。

開園以来、ＴＤＬが続けている最大のエンターテインメントが昼間のパレードだ。それは一九八三年オープン時の「東京ディズニーランド・パレード」から始まった。このパレードは、先頭の東京ディズニーランド・バンドが「ミッキーマウス・マーチ」を奏で、これに各テーマランドを紹介するフロート（山車）が続くというものだった。パレードは、TDLの世界をショーケース的に集約して提供し、ゲストがパーク内を闊歩することのモチベーションを煽る機能を果たしていた。その後、パレードは繰り返し変更（期間は一年半から五年と不定期）がおこなわれ、テーマも変更されていったが、パーク内を回るゲストの動機づけの役割を果たしているという意味では、現在でも変わるところはない。

TDLでは現在までに、昼間のパレードとして「東京ディズニーランド・パレード」「ディズニー・クラシックス・オン・パレード」「ディズニー・パーティグラ・パレード」「ディズニー・ファンタジー・オン・パレード」「ディズニー・カーニバル」「ディズニー・オン・パレード／100イヤーズ・オブ・マジック」「ディズニー・ドリームス・オン・パレード」「ディズニー・ドリームス・オン・パレード・〝ムービン・オン〟」「ジュビレーション！」、そして「ハピネス・イズ・ヒア」の十のパレードが開催されてきた（「ディズニー・カーニバル」のマイナーチェンジである「ディズニー・ミレニアム・カーニバル」をカウントすれば十一）。

これらのパレードは後続になるにつれてテーマ性を失っている。ここでは二つ目の「ディズニー・クラシックス・オン・パレード」と九つ目の「ジュビレーション！」を比較(1)しながらこの現象を確認して、さらに現在開催している「ハピネス・イズ・ヒア」をその延長上に位置づけてみよう。前者は一九八八年から九一年、後者は二〇〇八年から一三年まで開催していたものだ。

はじめに、パレードの統辞—範列構造について確認しておこう。最もマクロの構造単位はパレードのテーマ。中規模（＝ミドル）の構造がパレードを構成するフロート群（各フロート群はメインフロートとメインフロートに彩を添えるサブのフロートの複数で構成されることが多い）間のテーマ、そして三つのなかで最もミクロの構造単位はフロート群単位のテーマということになる。そして、それぞれに統辞構造と範列構造が存在し、これが重層性、つまり入れ子構造をなすことで、テーマ性の情報圧を高めていく。これをそれぞれのパレードについてみていく。

2　マクロと中規模（＝ミドル）のテーマ性

まずマクロのテーマを比較してみよう。

一九八八年から始まった「ディズニー・クラシックス・オン・パレード」（以下、「クラシックス」と略記）のマクロなテーマは、その名のとおりディズニー古典映画の名場面の再現だ。ここでは、それぞれのフロートでディズニー作品の物語を展開していて、統辞的にはテーマと合致している。また、パレードのタイトルに「ディズニー」と示されているように、テーマ自体がディズニーであり、したがってディズニー世界の一部に完全に合致したテーマが組み込まれているため範列的にも問題がない。

一方、二〇〇八年からの「ジュビレーション！」は「歓喜・歓声」というテーマでパレードを企画している。マクロなテーマに基づいた物語は、すべて「歓喜・歓声」に関する内容で展開してい

表1　パレードでのテーマの重層構造

規模	テーマ性の二つの軸	「ディズニー・クラシックス・オン・パレード」	「ジュビレーション！」
ミクロ フロート群内	統辞＝物語	映画シーンの再現	×
	範列＝ジャンル	各物語に基づいた設定と登場人物	?
中規模 フロート群間	統辞＝物語	×	×
	範列＝ジャンル	古典ディズニー作品	×
マクロ テーマ全体	統辞＝物語	古典ディズニー作品の物語の展開	歓喜・歓声の物語
	範列＝ジャンル	ディズニー世界の作品	×

るので、統辞はある程度確保されている。しかし、ジャンル的にはかなり危うい。というのも、この言葉はきわめて抽象的・包括的で曖昧だからだ。へたをすると「喜び」に関連することなら何でもありになってしまう。また名称に「ディズニー」という言葉も冠されてはいない。言い換えれば、ディズニー世界と直接的な関連をもたないため、範列性は非常に弱くなる。そのため、このテーマがディズニー世界の一部をなしているというイメージは希薄だ。

次に「クラシックス」での中規模（＝ミドル）のテーマ性について。『白雪姫』『ジャングル・ブック』『ふしぎの国のアリス』『ピーター・パン』、『ダンボ』（監督：ベン・シャープスティーン、一九四一年）、『メリー・ポピンズ』（監督：ロバート・スティーヴンソン、一九六四年）、『ピノキオ』『ファンタジア』、『シンデレラ』（監督：ベン・シャープスティーン、一九四九年）の九つのフロート群が順に登場するが、統辞的なテーマ性を示すフロート群とフロート群の間の関連は弱い。

統辞性を重視すれば、たとえば作品上映の時系列に並べるような配慮をしなければならないが、そのようにはなっていない。一方、範列面では、それぞれが古典に該当する範列＝ジャンルの一部を構成しているので問題はない。

一方、「ジュビレーション！」の中規模（＝ミドル）のテーマ性について。これは弱いというより、明確に存在しないといえる。「オープニング」「プリンセス」「フォレスト・フレンズ」「ジャングル・サファリ」「リロ＆スティッチ」「パイレーツ・ムーン」「バブルス」「ピクサーパルズ」「フィナーレ」の順でそれぞれフロート群のテーマが設定されているのだが、フロート群の間に統辞性は全くといっていいほど感じられない。ハワイが舞台のディズニーのエイリアンキャラクター・スティッチとディズニーと別会社だったピクサーのキャラクターのフロート群が前後する「いわれ」などないのだから。

3　ミクロなテーマ性

ピーター・パンは仇敵の海賊たちと楽しくブランコを漕ぐ

最後にミクロレベルでのテーマ性について取り上げよう。ここではわかりやすいように『ピーター・パン』と『ピノキオ』のフロート群を取り上げる。

まず、『ピーター・パン』のフロート群の統辞性について。「クラシックス」では、海賊船のフロート群を中心にストーリーが展開する。「ピーター・パンとフック船長の戦い」→「船上で戦う海賊たち」→「ピーター・パンの勝利」→「フック船長を追いかける時計ワニ」という順で、海賊船のフロートを中心に物語が流れていく。これはもちろん、映画の物語に沿っている。つまり、映画と同じ統辞構造で展開している。

範列構造については、まず登場するキャラクターが映画のなかのそれを厳密に踏襲している。また、範列＝役割でもピーター・パンとフック船長、時計ワニのいずれも作品内のものを踏まえていて、その関係も同様に作品内のそれを忠実に再現している。たとえばピーター・パンとフック船長はあくまで仇敵で、時計ワニはフック船長の苦手な対象のままだ。ミスター・スミーも、もっぱらフックに付き添って世話を焼いている。また映画以外のキャラクターはいっさい登場しない。そして、フロートにも原作に基づいた様々な飾り付けがなされ、全体にわたって範列＝ジャンル構造が映画どおりに踏襲されている。テーマ性が統辞・範列両面で二重に厳守されているのだ。

一方の「ジュビレーション！」のフロート群。[2] これには「パイレーツ・ムーン」という名称が与えられているが、「パイレーツ」とあるように内容は映画『ピーター・パン』に関するものだ（映画『パイレーツ・オブ・カリビアン』のキャラクターや場面は登場しない）。まず、ドクロ岩の上にフックとスミーが座っている。フックは威張り散らし、スミーは愛想をふりまいたりフックをからかったりしているが、何をしているのかは不明だ。同じフロートの後部には三日月の形をしたクレーンがあって、そこに海賊船に見立てた鉄パイプ製のブランコがぶら下がり、ピーターと海賊がこれを漕いでいる。もちろん、このようなものもシーンも映画には登場しない（映画『ピーター・パン』に登場する月はロンドン上空に浮かぶ満月だけである）。そして、フロートの後ろに続くのが時計ワニなのだが、これが旧正月の中華街などでのパレードで出現する中国風のドラゴンか蛇、あるいは獅子のような様相を呈している。ダンサー数人がこの帯状のワニを棒で支えて練り歩いているのだが、このダンサーが何者かは不明だ。

つまり、ここでは『ピーター・パン』に関する統辞＝物語構造は存在せず、キャラクターそれぞれの範列＝ジャンル（この場合は役割関係）も守られていない。ブランコを漕ぐピーターと海賊は、ときに仲がよさそうにさえみえる。

ピノキオとダンボ、三匹の子ブタが同舟する

次に『ピノキオ』のフロート群をみてみよう。

まず、統辞性について。「クラシックス」では映画『ピノキオ』の冒頭のシーン、つまりピノキオが生命を与えられ、そして邪悪の道に陥っていくまでが展開される。フロート群の先頭で妖精ブルー・フェアリーがピノキオに生命を吹きかけ、横にピノキオの世話役を命じられたコオロギのジミニー・クリケットがいる。その後ろでは生命を得たピノキオに喜ぶゼペット爺さんとピノキオが控えている。だが、連結されている後部のフロートではピノキオが売り飛ばされるストロンボリ劇団の操り人形たちが踊っている。そして、おしまいにピノキオを邪悪の道へと誘い込むジョン・ワシントン・ファウルフェローとギデオンが続く。

範列も映画に忠実だ。こちらも『ピーター・パン』と同様、フロート群のセットは映画のシーン

に従っていて、『ピノキオ』以外のキャラクターも登場しない。また、キャラクターの役割も原作を忠実に踏襲している。つまりテーマ性に問題はない。

一方、「ジュビレーション!」のフロート群はかなり構造が破綻している。ピノキオが乗るフロートは「バブルス」と名付けられた大型の二両連結。一台目はクジラがモチーフになっていて、そのフロートの上にピノキオが乗っている。クジラの頭頂、潮吹きの先の泡のなかにジミニー・クリケットがいて、これだけを見ると一応それぞれの範列に従った関連キャラクターが登場しているようだが、よく見るとクジラの脇腹にはゼンマイのねじ巻きがあり、これはおもちゃのクジラであることがわかる(『ピノキオ』には本物のクジラは登場するが、おもちゃのクジラは登場しない)。

そして、クジラのフロートの後ろに連結されたフロートにはなぜかメリーゴーランドとジェットコースターがあり、クジラの尾の上にはダンボが乗っている。これは要するに映画『ダンボ』のキャラクターなのだが、そもそもクジラとダンボは何の関係もない。さらに不可思議なのは、連結された後部のフロートで、船なのか何なのか判別がつかないフロートの上でピエロが愛想をふりまき、さらに『ファンタジア』に登場するカバやダチョウのキャラクターが踊っている。しかもその最後部には初期のディズニーアニメ作品シリーズ『シリー・シンフォニー』(一九二九―三九年)に登場する三匹の子ぶた、そしてこのフロートの後ろにやはりピエロのキャラクターが徒歩で続いていく。

このフロート群にはほとんど統辞=物語が存在しない。そして、一つのフロートに『ピノキオ』『ダンボ』『ファンタジア』『シリー・シンフォニー』のキャラクターたちが同居していて、フロート自体のテーマも不明である。フロートの名称「バブルス」にちなんで、フロートの周辺に常にシ

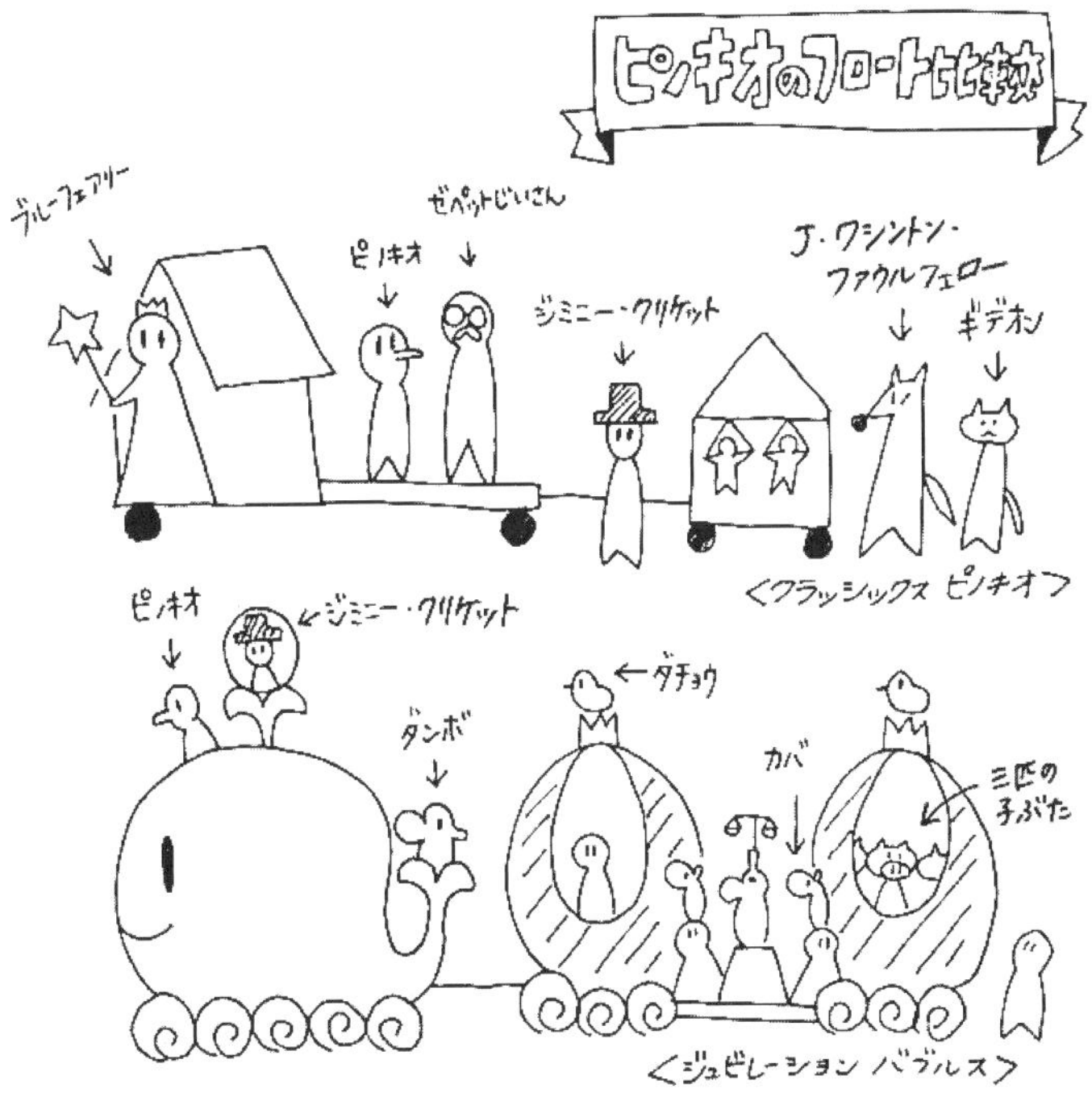

図5　ピノキオのフロート比較
（イラスト：浜田亜由美）

ャボン玉＝バブルが飛んでいることが体裁を整えるかのように範列を構成する。また、サーカス曲が流れているため、強いて範列を与えれば「みんなでサーカスをやっている」という、バブルス＝泡とは別のものになる（ただし、この場合『ダンボ』以外のキャラクターはサーカスとは関連がないので、こちらのテーマでくくっても整合性はとれない）。つまり範列＝ジャンルでも統一性は存在しない。言い換えれば、テーマ性に一貫性がみられないのである。

これはほかのフロート群についても同様で、それぞれ曖味にとりまとめられるテーマに基づいている。「プリンセス・ガーデン」はひたすらディズニー・プリンスとプリンセスが、「フォレスト・フレンズ」では森に関連したキャラクター（ポカホンタス、ミーコ、くまのプーさん、イーヨー、ブレアラビットなど）がそれぞれフロート群の一群をなしているのだ。

「ジュビレーション！」では、テーマ性それ自体が全編にわたって崩壊しているのである。(3)

4　テーマ性崩壊をさらに進める「ハピネス・イズ・ヒア」

そして、二〇一三年四月から開催している現行の「ハピネス・イズ・ヒア」（＝幸せが、いま、ここに）だが、ここではテーマ性崩壊が加速する。

このパレードでは「ハピネス」という、ディズニー的側面からみれば「ジュビレーション！」と同様、曖昧なテーマに基づいてフロートが展開されている。フロートそれぞれのテーマは「友情」「願い」「美しさ」「不思議」「夢」。それらはパステルカラーで統一しているだけで、フロートそれ自体が何かを物語るということは、もはやなくなっている。そして、それぞれのテーマに基づいてキャラクターが登場するのだが、ここにも範列的なルールはほとんどない。たとえば『トイ・ストーリー』のなかで、一九五〇年代にウッディが活躍したといわれているテレビ番組『ラウンド・アップ』をテーマにしたフロートがあるが、ここには番組には登場しないバズ・ライトイヤーやペンギンのウィージー、エイリアン（リトル・グリーン・メン）などまでが登場し、『『トイ・ストーリー』キャラクターのオンパレード」といった具合になっている。

また、キャラクターたちは台詞を日本語で話す。ただし、「こんにちは」「わくわくするね」「大きな声で」などの単語を、それぞれ一語発するだけである。もちろん、この言葉はミクロのテーマ性とは関連していない。どのキャラクターがどの言葉を発しても同じという台詞だけが展開されているのである。

音楽や衣装、装置、キャラクター、テーマがどれも重層的に交ざり合う一方で、それらはほんのわずかの共通点しかもっていないため、逆にいえばそれらを説明する際には一言で表現できないくらいの情報量が必要になる（実際、登場するキャラクターの数は「クラシックス」が三十七、「ジュビレーション！」が五十六、「ハピネス・イズ・ヒア」が六十八と、年々増加している。ちなみに二〇一六年現在、本家のＤＬで開催されている昼のメインパレード“Mickys Soundsational Parade”〔ミッキーズ・サウンドセーショナル・パレード〕に登場するキャラクターは二十五にすぎない。またマクロなテーマを「サウンド」として主要キャラクターやダンサーには楽器を持たせ、ミクロなレベルでもフロート群の設定やキャラクターを統一していることからもテーマに破綻はない）。つまり、ひたすらゴチャゴチャのパレードになっていて、かつてのテーマ性に基づいたシンプルな表現と比較すると、了解不可能な域に達しているのだ。その半面、圧倒的な情報量から生み出される、目がくらむほどのイリンクスがここには存在している。そのため、統一したテーマを読み取ろうとすると理解不能で不安に陥るが、ディズニーという情報圧によるホーリスティックな感覚に包まれたい人間は、没我状態でこのパレードに熱狂できる。こうして、パレードのテーマ性は秩序づけられた統辞と範列の重層性から構成されるディズニー世界からは逸脱するかたちで見事に変容したのである。

5 テーマなきテーマパークの出現

ここまで、パレードでのテーマ性崩壊の過程をみてきたが、これはパーク自体のテーマ性崩壊を象徴する一つの事例にすぎない。言い換えれば、こういった統辞―範列構造での崩壊があちこちに出現しているのが現在のTDRなのだ。

一九八三年にTDLがオープンした際、周囲の遊園地は戦々恐々とした。ごった煮的な遊園地が主流の日本の娯楽施設に、テーマパークというコンセプトを備えた、黒船のようなものが乗り込んできたのだから、それは無理もないことだった。そこで、これを踏襲するかたちでテーマパークが乱立したが、前述したようにテーマ性の不徹底によって、やがてその多くが失敗に終わった。また、既存の遊園地もこれに対抗しうる資金力もノウハウもなかった。

そんななか、一九八〇年代のバブルの立て役者だった西武グループが運営する遊園地としまえんが九〇年四月一日、奇妙な広告を展開する。キャッチコピーはなんと、「史上最低の遊園地」。新聞一面を使った大々的な広告だったのだが、そこではとしまえんの乗り物を背景に、遊園地を訪れて苦悶の表情を浮かべる家族が「不快!!」「来るんじゃなかった!!」「ダッサー」と言葉を発している。

「ただ回るだけ。がっかり新マシーン（フリッパー）」「乗ったと思ったらすぐ終わり（コークスクリュー）」「としまえんの偉大なる自己満足（ハイドロポリス）」と、広告する側自らが自社施設についてのネガティブキャンペーンを展開したのである。最後には「パパー、早くおうちに帰ろうよ」とダメ押しまでしている。ただし、いちばん下には「今日は四月一日です」の断り書きがついていた。つまり、エイプリルフールのネタだったのだ。

この広告がＴＤＬを意識していたことは明らかだ。としまえんは、いわば「逆テーマパーク」である。乱雑に、何ら脈絡なく乗り物が羅列されているだけの遊園地。そのことを自虐的に吐露してしまうことによって、ＴＤＬとのコントラストを際立たせようとしていたのだろう。

ところが、いまやＴＤＬのほうが「としまえん化」しつつあるのだ。テーマ性を様々な情報が破壊して、次第にごった煮的な状況になりつつある。しかも、その状況は年々増している。テーマという入れ物を失った情報は、いまなおやむことなく膨張を続けている。まさにカオス、としまえんのごった煮的状況を何倍にも拡大したいわば「超としまえん」。ＴＤＲは「テーマなきテーマパーク」へと変貌しつつあるのである。

注

（1）ちなみに一番目の「東京ディズニーランド・パレード」は、第2章で示しておいたようにパークを紹介することがもっぱらショーの主眼だったためいちばんわかりやすいのだが、検証のための映像はあいにく入手困難で分析できなかったことをお断りしておく。

（2）これは二〇〇八年の初期のバージョンを扱っている。

（3）パレードのテーマ性については、これまで催されたすべてのパレードについてマクロ・中規模・ミクロなレベルでの統辞と範列の割合を試みに比較したが、現代に近づくにつれてすべての側面で統辞性と範列性の崩壊の割合が高まる傾向がみられた。

第6章　ジャパン・オリジナル化するＴＤＲ

1　グレムリン化するゲスト、ドン・キホーテ化するＴＤＬ

映画『グレムリン』

『グレムリン』という映画をご存じだろうか。一九八四年、スティーブン・スピルバーグ製作総指揮、ジョー・ダンテ監督でワーナーブラザースが配給した作品だ。ここではまず、この映画の話から始めたい。

作品の粗筋はこうだ。

主人公の男の子ビリーは、クリスマスの日に父親からモグワイという変わった生き物をプレゼントされる。モグワイは温厚な性格で、人間の言葉を話し歌を歌うなどの知性を持ち併せているが、飼うにあたっては「光に当てないこと」「水をかけないこと」「真夜中に食べ物を与えないこと」の三つのルールを守らなければならない。モグワイは「ギズモ」と名付けられてかわいがられるが、ある日ギズモは水をかけられてしまう。するとギズモの背中から毛玉が飛び出して、そこから新しい個体が誕生する。この新たに生まれたモグワイは邪悪そのもので、暴飲暴食を繰り返し、やがて凶暴なグレムリンへと変態する。さらに、グレムリンはスポーツセンターのプールに飛び込んで膨大な数のグレムリンを増殖させ、ギズモを弄ぶだけでなく町中を混乱に陥れるのだ。

映画のなかに、ちょっと印象的なシーンがある。グレムリンたちが夜中の映画館を占領して、飲酒し、食べ物を食い散らかし、施設を破壊するなど悪さばかりしながら映画を見るという場面である。ここでグレムリンたちが見ているのが、なんと『白雪姫』なのである。七人の小人たちが「ハイ・ホー」を歌うシーンでは、グレムリンたちがそれに合わせて合唱している。『グレムリン』それ自体はディズニーと何の関わりもない（スピルバーグはドリームワークスの中心的人物で、いまやディズニーのライバルだ）。ここであえてこの作品を引き合いに出したのは、TDRがさながら『グレムリン』的状況にあることを指摘したかったからだ。

つまり、「ギズモ＝ウォルト」、そして「グレムリン＝ゲスト」という見立てだ。第2章で確認したように、TDLのゲストたちは当初ディズニーのことをよく知らず、もっぱらパーク側が提供するウォルト主義＝ウォルトの理念に基づいた情報に従順であり続けることでディズニー・リテラシーを涵養していった。最初はみんな、ギズモと同じ従順なモグワイだったのだ。

しかし、ゲストたちは次第にグレムリンとなり、今度はパーク内のギズモ的要素、つまりウォルト主義を崩壊させていく。ゲストが破壊していくものは、もちろんウォルト主義の二つの軸、テーマ性とファミリー・エンターテインメントにほかならない。本章は、この物語の展開を念頭に議論を進めたい。

第２章では、ＴＤＬが一九八三年の開園から十年の間、もっぱらゲストにディズニー・リテラシーを涵養すべく啓蒙し続けたことについて解説した。その結果九〇年代も半ばに入ると、ディズニー世界は日本人にもすっかり定着し、国内のあちこちにその顔を覗かせるようになる。当然、日本人の多くがディズニーのキャラクターを熟知するようになり、ＴＤＬにも頻繁に訪れるようになった。ＴＤＬ側の教育は見事に花開いたのだ。

ところが、こういったリテラシーの向上はＴＤＬとゲストの関係性の逆転といった状況を呈するようになる。一言で表現すれば、それは「送り手＝ＴＤＬ」から「受け手＝ゲスト」へ、パークをメンテナンスする主導権の交代を意味していた。需要と供給関係の逆転、あるいは涵養される立場の入れ替わりという事態が生まれたのである。

インターネットが招く情報過多

ディズニー・リテラシーが三十年程度のうちに急速に定着した背景には、日本独特の地理的条件とメディアの存在があったことは確かだろう。すでに述べたように、五千万人もの人口をかかえる関東圏に位置するＴＤＬは、日本人にとってメディアから取得した情報をすぐに確認できる場所だった。これと並行して、ディズニーに関する情報がメディアを通じて大量に国内を循環することになる。

ただし、インターネット出現以前の情報のフィードバックは、一般的なマスメディア（テレビや雑誌など）と口コミが担っていた。これらを介した情報は、現在に比べれば膨大というほどでもなく、また、口コミを除いては情報自体が「大本営発表」といわんばかりに制限されたものでもあった。そのため、ディズニーを愛していたとしても、こうした一元的な情報ソースに基づいて情報を消費していたことになり、必然的にディズニーとTDLに対する認識も比較的、均質のものだったといえる。当時のゲストたち、とりわけマニアに属する一群は、事前にマスメディアを通してディズニーの情報をチェックし、その情報を現場、つまりパーク内で確認するという行動をとっていたと考えていいだろう。

ゲストたちは、さながらマスメディアの情報に基づいて構築した「頭のなかのAR（Augmented Reality＝拡張現実）」に従ってパーク内を歩き回る。ARとは、人が認識できる現実の環境をコンピューターを用いて拡張する技術を指す。これを実現した典型的なツールは、グーグルが提供していたグーグルグラスと呼ばれるメガネだ。たとえば、ユーザーがこのメガネを装着して観光地を回ったりすると、主要な部分でスポットに関する情報がメガネレンズ上に表示される。ユーザーは実際の風景にこの情報を重ね合わせることで、文字どおり現実を拡張する。

もちろん、TDLを訪れた当時のゲストたちが、実際にARが実現可能なツールを所有していたわけではない。彼らはマスメディア（テレビや雑誌、ガイド、ディズニー関連本など）が提供する一元的なパークの情報を収集して、パークのポイントに関する予習、ITの用語でいえばタグ付けをおこなう。パークではこれに基づいて復習する。言い換えれば、頭のなかにあらかじめインプットされたガイダンス、いわば「アナログのAR」に従いながら、タグ付けされた情報を確認していたのだ。つまり、マスメディア媒介の既製のコピーに基づいてオリジナルを照合し、現実を拡張するというハイパーリアルな楽しみを享受していたと考えられる。

このようにゲストに与えられる情報が制限されていた時代にあっては、ＴＤＬ側が彼らをコントロールすることはたやすかった。言い換えれば、教師としてのＴＤＬ側が、生徒としてのゲストに教育を施すことができていた。マスメディアで予習、そしてパークで復習というスタイルで、ＴＤＬ側のテーマに基づいて一元的・トップダウン的にゲストに情報を消費させ、また情報を循環させることが可能だったのだ。

だが、二十一世紀に入ってからのインターネットの本格的な普及によって、この「情報消費のための情報」＝バーチャルリアリティーの極端な肥大化が起こる。それは、成熟したディズニーファンたちが、マスメディア経由ではなく、インターネットを通じて独自に情報を入手し始めた必然の結果だった。情報はもはやあちこちで入手できるようになった。しかも実に様々な情報が。

それだけではない。ウェブサイトやブログなどを利用して、ゲスト自ら発信できるようにもなった。こうしたゲスト＝消費者側の発信した情報が、今度はほかのユーザー＝ゲストたちの情報源になり、さらにこれに基づいて情報付加が繰り返されることで、インターネット上には膨大な量のディズニー情報が溢れ返ることになる。この肥大化は現在、ＳＮＳ（ソーシャル・ネットワーキング・サービス）とスマホの普及によって、さらに拍車がかかっている。

こうした情報アクセスの簡易化・多様化、発信のカジュアル化は、マスメディアを媒介にした、パーク側主導によって引き起こされるゲストの情報消費という、これまでの図式を瓦解させていく。

インターネットにアクセスするディズニーファンのユーザーが、それぞれの嗜好に合わせて情報にアクセス、また発信することで、ディズニーとTDRの双方に関する情報が無限の広がりと方向性をみせるようになったからだ。そして、その勢いは必然的にディズニーに関する「マスメディア情報＜インターネット情報」といった勢力関係を作り出した。

こうなると、ディズニー側がマスメディアを介してどんなに一元的な情報を提供したとしても、もはやゲストはいうことをきかなくなる。「ギズモ＝ウォルト」から分裂した「モグワイ＝ゲスト」は、やがて破壊の小悪魔「グレムリン＝Dヲタ」へと変態する。もともとはディズニーから生まれたにもかかわらず、マスメディア経由の一元的なディズニー世界、すなわちウォルト主義を破壊する存在へと転じていくのだ。

それぞれのマイ・ディズニー

つまり、こういうことだ。ファンのゲストたちは、インターネット上にあふれる膨大な数のディズニーに関連する情報のなかから、それぞれ任意にディズニー情報をチョイスし、これをカスタマイズして「自分だけのディズニー世界＝マイ・ディズニー」を作り上げる。ただし、これはウォルトとTDR側が提供する世界観やテーマ性とはもはや同じものではない。あまたある情報のなかから自分が好きな情報だけを選択し、これで構成した世界だ。(1) それは必然的に自分だけのディズニー世界となる。それだけではない。前述したように、ゲストはその情報を自分なりにカスタマイズしてインターネット上に発信する。そして、彼らがこのループを繰り返し続けることでディズニー情報はさらに肥大化し多様化していく。

もっとも、こうしたゲストたちがパーク内でおこなう行為は、形式的にはかつての一元的な情報消費と同様で、タグ付けされた情報をパーク内で確認するという行為だ。ただし、そのタグは一元的にではなく個人的にタグ付けされたもの。そのため、同じパーク内の空間を目の前にしても、それぞれの「頭のなかのガイダンス」には別のタグ付けがなされている。だから、Ｄヲタたちは、同じものを見ながらも、そこに別の何かを見いだしていると考えられる。そして、その「自分だけにしか見えない情報」をつどメンテナンスするために、ここに頻繁に繰り出すようになる。

こうして誕生したのが、第１章で紹介したコスプレやおそろいコーデをしてくるゲスト、制服ディズニーと称されるゲスト、あるいはディズニー好きだが単なる酔っ払いなどの様々なＤヲタたちだ。彼らの行動は、要するに自らのタグ付けに基づいてなされているのである。

グレムリンたちに対応をみせるＴＤＲ

たいへんなのはＴＤＲだろう。こういったグレムリン＝Ｄヲタたちの無限に多様化したディズニー世界へのニーズに、そして手当たり次第にパーク内へ情報のタグ付けをおこなうゲストたちそれぞれに対応できる新しい環境を作り出さなければならなくなったのだから。だが、こうした多様化するニーズへの対応をおこなうＴＤＲ側の変化を改めてみてみると、その手法は実のところきわめて理にかなっていることがわかる。

まず、第５章で取り上げたパレードに、その変化がみられる。時代が下るにつれてパレードはそのテーマ性を失っていったのだが、これはむしろDヲタたちにとっては好都合なことだった。彼らはマイ・ディズニーという自らがカスタマイズした価値観に基づいて行動しているため、提供する側が明確なテーマでもって一方的に提供するかつてのやり方は、彼らにとってはむしろ「押し付けがましいノイズ」に思えてしまうからだ。

パレードの物語は、自分が思い描く物語と異なるし、そもそも関心がないキャラクターや設定は彼らにとって不要なのである。もとより、TDR側が物語に忠実な演出をおこなうのであれば、登場するキャラクターはあらかじめ限定されてしまう。ならば「ジュビレーション！」や「ハピネス・イズ・ヒア」のように、大雑把なテーマだけを掲げておいて、キャラクターが勢ぞろい（実際にはそうではないが）するような状況を作り上げ、Dヲタの細分化された嗜好に対応するほうがやり方としては正解だ。つまり、パレードのテーマ性の崩壊とは、ゲスト側の要望に応じるTDR側の努力の成果とイコールだったのである。こうして、パレードは多様化し変容していった。ただし、そこに統一したテーマ性をみようとすれば、ただの「混沌」「ごった煮」にしかみえないのだが……。

ちなみに、パレード自体は壮大なものになってはいるが、エンターテインメントショーの制作費は毎年のように削減されている。二〇〇八年には百二十六億円だった制作費は、一三年には五十五億円と六〇パーセント近く減少している。事実、オープン時にはあちこちにあったショーのステージ（スモールワールド・ステージ、ラッキーナゲット・ステージ、トゥモローランド・テラス・ステージなど）やアトモスフィア・エンターテインメントと呼ばれるパーク内の通路などで催す小規模なショーは次々に廃止[2]されている。テーマ性を彩る導線になるこれらのショーの縮小は、必然的にパーク全体のテーマを曖昧にしている。これらのショーがパークの統辞的・範列的役割を果たしていたのだから、当然の帰結だろう。

ファミリー・エンターテインメントの視点からみれば逸脱している自販機の設置も同様だ。Dヲタの情報消費という第一目的からすれば、飲み物を飲むのはさして重要ではない。もちろん、のどが渇けばドリンクの一つもほしくなるが、その際、重要なのは体よくのどを潤すことであって、ホスピタリティーなどはたいした問題ではない。サッとすませられるほうが時間の無駄がなく、したがって自販機が便利ということになる（もっとも、自販機の設置については、ゲストの数が増えすぎたことですべて手渡しで提供していると時間が大幅にかかってしまうとTDR側が考慮したという事情もおそらくあるだろう）。

こうしたTDR側でのシステム提供の一連の変化は、ウォルトの理念であるファミリー・エンターテインメントを根底から覆すものだ。「大人も子どもも」「みんなで楽しもう」ではなく「私が」「個人的に楽しもう」、あるいは「連れ立った連中と」「仲間内だけでよろしくやろう」とパークにやってくる人間の数が、次第に多くなりつつある。[3]そして、そうした行動をとる典型的な存在のDヲタたちは、もはや集合名詞ではなく衆多名詞的、つまり集合であっても個別単位で扱われる存在。集団で連れ立ってやってきたとしても、それぞれの行動はバラバラで、TDR側もそのほうが楽しめるよう、大量のディズニー関連情報を脈絡なくまき散らすようになったのだ。

こうなると、受け手と送り手のどちら側からみても、TDRはウォルトが考えていたようなテーマパークと定義づけられるような空間ではなくなりつつあるとみなさざるをえない。Dヲタたちに都合がいい「〝マイ・ディズニー〟ランド」化現象はこのように進行したのである。

ドン・キホーテ化するパークにウォルトはいらない？

日本国内に横溢するディズニー世界に浸ることで、すっかりディズニー・リテラシーを向上させたゲストたちは、それぞれがディズニーに対して一家言をもつようになる。これは、社会が巨大化するにつれて必然的に発生する「多様化の流れから生まれる価値観の細分化」といった事態にほかならない。

ミッキーをはじめとするビッグ5（ミッキー、ミニー、ドナルド、グーフィー、プルート）を頂点として、その背後にディズニー世界やほかのキャラクターをみるという、それまでTDR側が提供していたツリー構造ではなく、ゲストたちは膨大なディズニー情報、ディズニーキャラクターのそれぞれに嗜好を向けるようになる。つまり、「マイ・ディズニー」に合致するサブキャラがいれば十分というゲストが出現し始めるのだ。

こうした嗜好性をもつDヲタたちに対してTDRは、やや後手に回った状態で対応するようになった。このような価値観の細分化は、結果的に「ディズニーランドからウォルト的なものが消える」ということを意味している。テーマ性を破壊するDヲタたちには、騒ぎながら『白雪姫』を鑑賞するグレムリンの姿が重なってみえる。

こうした変容は、当然ながら本家とは異なった、言い換えれば、ウォルトの理念からは逸脱したディズニー世界がＴＤＲ内に構築されていくことを意味する。テーマの一貫性が失われ、しかしその一方で情報密度がさらに高まっていくことで、さながら総合ディスカウントストアであるドン・キホーテのような「何でもあり」「ごった煮」的な世界がパーク内に出現するようになったのだ。Ｄヲタに合わせて、ウォルトとビッグ５からなる「ツリー構造」から、様々なものが混在する「モザイク構造」へとＴＤＲは変容していったのだった。

だが、そのような変容を経て、ＴＤＲはかえってより強靭な顧客層を取り込むことに成功する。ＴＤＲは、強力な顧客層＝Ｄヲタ、あるいはＤヲタ的要素を備えるゲストを獲得したのである。彼らは細分化された趣味の領域の一つにタコツボ的に入り込み、これに熱狂する。しかも彼らは、そこに資金を惜しみなく投入する。実は、これを例証するデータがある。ＴＤＲのゲスト一人あたりの売上高の推移だ。

二〇〇六年と一四年のデータを比較してみよう。ゲストがＴＤＲで使うお金の平均は、〇六年では九千三百九円で、一四年は一万九百五十五円と一七・七パーセントの伸びをみせている。この伸びは一四年を除くと一貫して続いている（一四年の売り上げが減少したのは一三年に三十周年記念の大型イベントを繰り広げた反動と考えられる）。興味深いのは一人あたりの売上高の構成比で、商品購入比率が〇六年は三三・八パーセントだったのが一四年には三六・九パーセントと三・一パーセントの伸びを示していることだ。ちなみにこちらも一四年を除いて一貫して伸長している。また、関東圏からの来園者は六六パーセントから六七パーセント台をずっと維持している（東日本大震災があった一一年と一三年を除く）[4]。ディズニーのグッズをあちこちに身に着けた女の子の二人連れ、ダッフィーをカートにいくつも乗せてパーク内を闊歩する家族、ディズニーキャラのコスチュームを身にまとうお一人様……こんなゲストの存在が、いまや「非日常のパーク内を彩る日常的な光景」になりつつある。

一般のゲストからみれば、ちょっと不可思議な光景だろう。しかしTDRは、こういったオタク化、ドン・キホーテ化を推進することで、入場者を増加させていることも確かだろう。

2 消費文化の伝統文化への昇華をもくろんだウォルト

伝統文化と消費文化

ここまで、TDRとゲストとの関係で、その主導権が当初はTDRにあったものが次第にゲストへと移行していった流れをみてきた。では、大量のDヲタが誕生したことでディズニーランドの基本であるテーマ性が破壊され、パーク内にごった煮的な状況が出現したあとのTDRは、いったいどんな方向に進んでいくのだろうか。

これを考えるにあたっては「消費文化」と「伝統文化」という言葉が役に立つ。

ディズニーランドは、そもそも消費文化と呼ばれるカルチャーに属する。社会学者の片岡栄美によれば、消費文化とは、消費社会が用意する娯楽的要素をもつ感覚刺激的な財やサービスを指す。(5)

たとえばショッピング、映画・スポーツ鑑賞、ドライブ、旅行などがその典型である。消費文化のなかで、消費者は原則、金銭の授受を媒介としてサービスを受けるのだが、共通するのはコンサマトリー（即時的）な満足であり、それが第一義とされることである。そのため、目的が満たされてしまえばそれで終わりである。言い換えれば、消費文化は消費し尽くされれば、やがて世界から消えていく文化だといえる。だが、ウォルトが志向していたのは消費文化としてのディズニー世界を伝統文化的なものへと転換することだった。つまり、ディズニー世界を未来永劫の存在へと昇華させることだったのだ。その方法論として捉えていたのが、世界が認めるアメリカの伝統文化へと昇華したハリウッド映画の世界のなかにディズニー世界を埋め込むことだった。ウォルトがトーキー、カラー、マルチプレーン・カメラ（映像に立体感を加えることが可能になるカメラ）、ファンタサウンド（映画『ファンタジア』上映で用いた立体音響システム）などの最新技術をいち早く取り入れたり、長篇アニメの『白雪姫』やクラシック音楽だけで台詞がない『ファンタジア』を全財産をつぎ込んでまで制作したのは、こうした経緯があったといわれている。実際、一九三〇年代前半まで五分程度の短篇がもっぱらだったディズニーの作品群は、映画と映画の間の「箸休め」的な位置づけでしかなく（当時の映画は数本立てが普通だった）、純粋な消費文化そのものだったのだが、先にあげたウォルトの努力の結果、三〇年代から四〇年代初頭のアメリカで、ディズニーの作品は芸術作品として高く評価されるようになったのである(6)。

そしてウォルトは、遊園地というカテゴリーでも消費文化から伝統文化への昇華をもくろんだ。それこそが、テーマ性を徹底し、さらに重層的にテーマ性を加味していく「ディズニーランド」というコンセプトだった。すでに第3章と第4章で詳述したように、パーク内には「統一した大きなテーマ＝マジックキングダム」[7]のなかに「サブテーマ＝テーマランド」を設け、それぞれのセクション・テーマに基づいてあらゆるものを細部まで作り込んでいる。また、そのリノベーションにあたっても、テーマ性との関連をもたせながらおこなうというスタイルを貫いたのだ。こうした「テーマ性の徹底」は、ウォルトの死後もカルフォルニア州アナハイムのＤＬでは踏襲され続け、その結果としてディズニーランドはアメリカで「消費文化が昇華された伝統文化」として、また、アメリカ国民の「聖地」として位置づけられることになったのだ。

ウォルトの精神を継承するＤＬ——フロンティアランドにある廃線とトンネル

このような、消費文化を伝統文化にする試みは、もちろん今日のパーク運営にも引き継がれている。具体的には、過去を継承しながらも随時リニューアルをおこない、そこにアトラクションが存在することの正当性を維持するという手法なのだが、これこそが、消費文化に「文化の重層性」を与えるための方法論といえる。ＤＬでは、ウォルトが生前からパークに課した精神を厳密に守ろうとする志向性が強い。そのため施設を新設・更新する際にも、過去のアトラクションや施設と新設するそれとの関連（＝いわれ）を綿密に計算するのだ。

その典型的な例として、鉄道のアトラクションがある。

フロンティアランド（ＴＤＬのウエスタンランドに相当）でアメリカ河を周遊する蒸気船マークトウェイン号や帆船コロンビア号に乗船すると、その終点近くの左側に妙なものを見つけることができる。ボロボロになった線路、そして使われていないトンネルだ。二〇〇〇年代後半までは、脱線しうち捨てられてボロボロになった列車もそこに存在した。船を降りてその反対方向に向かってみると、やはりトンネル（つまり反対側の入り口）を見つけることができる。こちら側は板で塞がれている。

これらはアトラクションの雰囲気を盛り上げる演出なのだが、実は、もともとこれもアトラクションの一部だった。それを廃止したあとも、わざとそのまま残しているのだ。ではなぜ、これを撤去しなかったのか。

鉄道はウォルトのアイデンティティー

テーマ性の踏襲という点からみれば、これらのものを残す理由ははっきりしている。ウォルトにとってディズニーランドの原点が「鉄道」だったからだ。ウォルトには豊かで恵まれた幼少期がほとんどなかった。父イライアスは敬虔なクリスチャンだった。そのため、彼にとってキリスト教の教えとは贖罪であり、その教えを守るための勤勉を旨としていた。この立場は子どもにも向けられ、イライアスは子どもたちにも過酷な労働を強いていた。加えてイライアスは仕事を頻繁に変える性格だったので、子どもたちは常に貧困のなかで重労働を担わされることになった。

四男のウォルトも、もちろん例外ではなかった。子どもの頃から新聞配達などの仕事をやらされて育ったのである。こんな父親だったせいか、兄たちはそのつらさに耐えきれず次々と家を出ていった。そして、それは彼らが担っていた労働をそのままウォルトが引き継ぐことにほかならなかった（ウォルトは仕事を終えて家に帰ると、疲労のあまりそのまま気絶するということが何度かあったらしい)。

そんなウォルトがときに垣間見たのは新聞配達先の家庭の光景だった。そこには汽車やゼンマイ仕掛けの自動車といった、子どもが遊ぶおもちゃがたくさんあり、いかにも子どものためにしつらえたような、夢のような光景が広がっていた。だが、これはもちろん、ウォルトがどれだけ手を伸ばしても得られないものだった。

そんな過酷な環境のなかで、ウォルトが唯一楽しめたものがあった。それは鉄道内での売り子の仕事だった。彼は鉄道に乗ることが大好きだったので、これだけは喜々としてやっていたのだ(8)。

こうした「恵まれた子ども時代の不在」なるものへのルサンチマン(鬱憤)、「子どもの頃の鉄道への思い入れ」が、ディズニーランドには如実に反映されている。つまり、ディズニーランドとはウォルトが子ども時代に過ごしたいと願った環境の再現であり、鉄道は子ども時代の思い出を象徴するアイコンだった(ウォルトが自宅内にミニ鉄道を敷設していたことはよく知られている。彼は来客があるたびに、これに乗せることを楽しみにしていたという。画家のサルバドール・ダリはウォルト宅を訪れた際、この鉄道に乗車するという接待を受けている)。

DLの建設に先立って、スタジオがあったバーバンクの敷地にそのプロトタイプを作る計画を立てたとき、パークの中心に鉄道が敷かれたことはウォルトの鉄道への愛着を象徴しているだろう。

実際のDL建設にあたっても、パーク内にいくつもの鉄道を敷いている。一つ目はパーク内を一周するDisneyland Railroad(ディズニーランド・レイルロード)、二つ目はファンタジーランドにあるCasey Jr. Circus Train(ケイシー・ジュニア・サーカス・トレイン、映画『ダンボ』のサーカス列車がモデルで、当初はジェットコースターとして建設する予定だった）だった。この二つは現存するが、実は三つ目が存在する。The Mine Train Through Nature's Wonderland（マイン・トレイン・スルー・ネイチャーズ・ワンダーランド）という、フロンティアランドにあった汽車に乗ってアメリカの荒野や自然を見て回るというアトラクションがそれだ。これは一九七七年まで運営され、いまはないのだが、実はこの名残こそが、先ほどの廃線、そしてトンネルなのだ。

しかも前述のとおり、残したままにしているのではない。あえて廃線を、そしてトンネルがあったことを見せている。その理由こそ「ウォルトの鉄道への思い入れの尊重」、そして「ウォルトの思想の継承」なのだろう。

トンネルの反対側にあったのは？

思想の継承性について、ＤＬはさらに徹底している。もし前述のトンネルが、そのまま続いていたとしたら、どこにつながるのだろう。そこでトンネル口を背に後ろを振り返ってみる。すると見えるのは、なんと Big Thunder Mountain Railroad（ビッグ・サンダー・マウンテン・レイルロード）である。そう、日本でもおなじみのビッグサンダー・マウンテンなのだ。これは一九七九年に敷設されたのだが、要は、The Mine Train Through Nature's Wonderland は Big Thunder Mountain Railroad に取って代わられたのだ。それはつまり、ウォルトの精神を今日風にアレンジし直したということになる。

ウォルトはディズニーランドについて「永遠に完成しない。世界に想像力があるかぎり成長し続ける」[9]とコメントしている。映画は一度発表された時点で一つの完結をみる。ところがパークは違う。ディズニーランドは、ウォルトが心ゆくまで修正を施すことができるものだった。事実、ウォルトはパークがオープンしたあとにも膨大な費用をかけてパークをリニューアルし続けた。それは自らの理想により近づけるため。これまで創造してきたアニメーション同様、この地を伝統文化にするためだった。それが結果として前述したようなパーク内に歴史を刻み、これを継承し続ける「文化の重層性」を生み出したのである。そう、ここアナハイムではウォルト主義は生き続けているのである。

ちなみに、DLではウォルトの精神の継承を、鉄道以外にも随所に見いだすことができる。たとえば、二〇〇七年にオープンしたアトラクション Finding Nemo Submarine Voyage（ファインディング・ニモ・サブマリン・ボヤッジ）は、一九九八年までこれと同じ場所にあった Submarine Voyage（サブマリン・ボヤッジ）の継承である。これはウォルトが生前に構想したもので、二つとも潜水艦に乗って海のなかの世界を見せるアトラクションだが、前者は原子力潜水艦、後者は黄色に塗装された潜水艦で、単に海中を見せるものから、映画『ファインディング・ニモ』の世界を紹介するものへとアレンジし直されている。こうした「いわれ」「文化的継承」については、リニューアルに際してさらなる徹底が図られた。二〇〇七年、本アトラクションのグランドオープニング・セレモニーを開催したとき、招待されたのはなんと、かつてここで働いていたキャストとその子どもや孫だったのである。

そのほかにもフロンティアランド、Big Thunder Ranch（ビッグ・サンダー・ランチ）内の Make

a Furry Friend（メイク・ア・ファーリー・フレンド）で家畜が飼育されていたり、[10]ウォルトが寝泊まりしていた、メインストリートＵＳＡの入り口左にある Fire Station（非公開）の建物の二階室内を当時のまま残したりと、ウォルトの遺産、彼を想起させる記憶としてのそれはほかにも細かいところに見つけることが可能だ。

3　アキバ化するＴＤＬ

ＴＤＬはアキバ同様、過去を振り返らない

再びＴＤＬに話を戻そう。消費文化として約三十年前に日本にやってきたＴＤＬは、はたしてＤＬのような伝統文化になりえたのだろうか。答えは、半分イエスで、半分ノーだ。これまでみてきたように、現在のＴＤＬはウォルトの伝統や志向とは対極をなしている。だから、ノーといっていいはずなのだが、ではなぜ半分イエスなのか。

少し話は逸れるが、ＮＨＫ番組『ブラタモリ』（二〇〇八年―）をご存じだろうか。タレントのタモリが中心になり、都市の一部を徹底的に歩き回って観察するという番組なのだが、ここで秋葉原を取り上げたとき、彼は秋葉原について実に秀逸な表現をしている。

「ここは、過去を振り返らない街だ」[11]

秋葉原は戦後、青果市場から電気部品販売店街へと移行し、次いで電気専門店街、パソコン部品

の集結地となり、さらにオタクの殿堂「アキバ」になった（最近は外国人観光客のショッピングの聖地、そしてＡＫＢ48のファンが集う場所でもある）。その際、秋葉原は土地の歴史を振り返ることなく、次々とスクラップ＆ビルドを繰り返して、過去の片鱗を残さない。つまり秋葉原は何でも収容する、入れ替え可能な箱のようなものである。とはいえ、空間がどんどん変容を重ねていってしまうのは、日本独特というより、広くアジア全般に通用する文化ともいえる。その極致として、タモリは秋葉原を「過去を振り返らない街」と例えたのだった。日本には京都や奈良のように文化をかたくなに守り続ける一方で、こういったアジア的変容を許容する文化的側面も存在する。

ＴＤＬは、この「過去を振り返らない姿勢」で、しっかり日本＝アジア文化的だ。オープン当初こそ、本家のウォルト・ディズニー・プロダクション（現ＷＤＣ）の指導のもとにその世界を忠実に再現していたのだが（いちばんの雛型にしたのはフロリダにあるＷＤＷのマジックキングダム・パーク）、年月を重ねるにつれてＴＤＬはどんどん変容していったのだ。

もちろんＴＤＬもウォルトの「永遠に完成しない」という精神を踏襲し、何度となくスクラップ＆ビルドを繰り返してきたことも事実だ。一例をあげれば、トゥモローランドに二〇一五年七月にオープンしたスティッチ・エンカウンターというアトラクション（『リロ＆スティッチ』〔監督：ディーン・デュボア／クリス・サンダース、二〇〇二年〕を題材としたアトラクション）がある。この場所ではオープン時はエターナル・シー（一九八三―八四年）という日本の海の自然を描いた映像を流すアトラクション、次にマジック・ジャーニー（一九八五―八六年）というディズニー初の３Ｄ映像ファンタジー、さらにマイケル・ジャクソンが登場するキャプテンＥＯ（一九八六年―九四年）、観客を縮小させるミクロアドベンチャー！（一九九七―二〇一〇年）、キャプテンEOのリバイバル（二〇一〇―一四年）、そしてスティッチ・エンカウンターという順でリニューアルが繰り返されてきたのだが、前後するアトラクションにほとんど関連性はなく、全く痕跡を残していない。ウォルトは自らの理想を追い求めてコンテンツの充実を志向し、それを達成するためにテーマパークの手直しを続けた。だが、TDLではアキバ的な、すなわちスクラップ&ビルドを繰り返す街と同様に施設を変更、増築し、ウォルト的なコンテンツを次第に消去していったのである。

そのため、名前こそ「ディズニーランド」、つまり「ウォルトのランド」だが、実際のところTDLでのウォルト色は年々薄らいでいる。ここは、いうなれば日本独自の文化の様式にすっかり染まった、別のパークへと変貌を遂げつつあるのだ。

TDLは、ウォルトのコンセプトとは異なる消費文化を貫いてきている。ディズニーとして貫いてきたテーマの歴史、またその重層性もうっすらとしか感じられない。DLが「過去を振り返りながら未来が構築される」、すなわち「消費文化から伝統文化への昇華を志向する」のに対して、TDLは「過去を振り返らない」、すなわち「消費文化をひたすら徹底する」のだ。そして、これはオープン十五年目を迎えたTDSにももちろん該当する。

クレオール化するTDL

文化人類学の用語に「クレオール」という言葉がある。クレオールとは本来、フランスの植民地に生まれ、フランス市民権を取得した人々を指す言葉で、エドゥアール・グリッサンによって広く知られるようになった。これを概念化したものが「クレオール化」で、ある国の文化が異文化に輸入された場合、それがそのまま異文化に定着するのではなく、当該の異文化と混ざり合って新しい文化として成立してしまうことを意味する。

ここでは寿司を例にクレオール化とは何かを考えてみよう。寿司はいまや世界的な食文化として広く認知されているが、いうまでもなく発祥は日本だ。ところが、これがアメリカに輸出されたことでカリフォルニア・ロールのような寿司が生まれ、また寿司にドレッシングをかけて食べるというようなスタイルも出現した。

なかでも「裏巻き」という海苔を内側に巻く寿司のスタイルは、このクレオール化の典型だ。海苔巻きの海苔は本来シャリを巻くもの。ところが、キリスト教的な視点からすると黒は悪魔の色で忌み嫌われる。だから、黒い食べ物は食べない。だが、海苔は黒い。そして、巻き物に欠かせない。そこでシャリと海苔の巻き方を逆にして黒い色が見えないように工夫したといわれている。ところが、これが寿司としての新しいスタイルを生んでしまったのである。つまり、アメリカ人からすれば寿司だが、日本人にとっては寿司ではないようなものができあがったのだ（もちろん、これがいまや日本に逆輸入され、「裏巻き」というメニューとして一般化しているわけなのだが）。

ＴＤＬの三十二年間、そしてＴＤＳの十四年間に起きた変容はまさに、「ディズニーランドの裏巻き」を作る歴史だったといえる。アメリカで伝統文化となった「消費文化」を輸入して、これを消費文化を旨とする日本文化の文脈でカスタマイズし、その結果、消費文化の徹底が図られた。そして、この「消費文化の徹底」というスタイルこそが、日本文化のある領域での「伝統」に適合していたのだ。

このような事例は枚挙にいとまがない。たとえばスパゲティ・ナポリタン。これはパスタとタマネギ、ソーセージやベーコンを刻んだものをケチャップ炒めにしたものである。「スパゲティ・ナポリタン」は直訳すれば「イタリア・ナポリのスパゲティ」となる。また、ウィンナーコーヒーはコーヒーにホイップクリームを乗せたもの。こちらは直訳すれば「オーストリア・ウィーンのコーヒー」。だが、どちらも現地で見かけることはない（それぞれ普通のパスタとエスプレッソが提供される）。マンションという名称も同様で、英語では大邸宅だが、この言葉が日本に輸入されると集合住宅を意味するようになった。こうした事例がいつどこでこうなったのかについてはハッキリしていないが、いずれにしても何らかのかたちで全く異なったものとしてクレオール化し、消費文化化してしまったのだ。

そのため、日本文化はある面で「消費文化を継続・徹底する」という、メタ伝統文化的側面を備えているとみなすことができる。ここでいうメタ伝統文化とは、文化の「内容」ではなく、文化を消費し変容させる「形式」を踏襲し続けようとする文化という意味だ。そのような視点に立てば、TDRは見事に日本の「消費し続けること自体が伝統文化というメタ伝統文化」のなかに繰り入れられたことになる。そして、それは言い換えれば歴史的に何でも取り入れてきた日本の伝統的価値観を踏襲している、ということでもある。TDRの変容はアメリカ生まれのディズニー文化が日本にローカライズされ、独自のクレオール的なものへと変貌していく過程だったのである（日本文化へのクレオール化については第8章「TDRは聖地になりうるか？」でその詳細に立ち入る）。

ほかのゲストの興をそぐDヲタたち

そこで「消費文化＝メタ伝統文化」の空間としてのTDRが今後どうなるかを、やはりTDRとゲストの関係から考えてみよう。

まず、ここでは顧客＝ゲストのセグメンテーションをおこなう。ゲストは、表層的にはリピーターとそれ以外というかたちで二分できる。ただし、TDRのリピーター率は九〇パーセントを超えていて、この区分けだけではあまりに大雑把だ。そこで、リピーターをさらに三つに区分けし、トータルで以下の四つのセグメントに分けてみることにする。①一見客、②数回訪れたことがあるリピーター、③何度となくやってくるオタク・リピーター（Dヲタ）、④ウォルト主義＝ディズニー原理主義のリピーター。

ちなみに、この顧客層のうち③のDヲタは、それ以外の顧客（とりわけ②と④）のニーズとバッティングするおそれがある。

ここまで示してきたように、オタク・リピーターたちはそれぞれのオタク的なディズニー嗜好によってTDRを消費する。彼らがパーク内を散策する際の消費のレベルはきわめて「目的最重視」かつ「活発」だ。つまり、どのグッズを購入してどのアトラクションに乗り、どの食べ物を食べてどのイベントに加わるかといったことが問題になる。しかも「いち早く」というのがポイントである。誰よりも先にTDRの知識を吸収して、環境のなかに埋没し、これらを消費することが彼らにとってのアイデンティティーを支えるものだからだ。第1章であげた、ポップコーンの限定バケットを購入する行動はその典型だ。事前に情報を仕入れて（インターネットで新たに開催されるショーや新商品、ニューアトラクションのスニークプレビューの情報などをチェックする）、彼らはそれぞれがもつ目的を達成すべく足早にパーク内を闊歩する。

割合からすれば、彼らはマジョリティーでこそないが、ある程度の数にのぼるだろう（制服ディズニー、おそろいコーデがパーク内のあちこちでみられることからも予想できる）。消費への活力も高く、またその行動によって、ほかのゲストに比べてきわめて目立つ存在になる。もちろんＴＤＲ側からすれば、恒常的にたくさんのお金を落としてくれる「ありがたい」ゲストでもある。

だが、こうしたＤヲタたちは、先に区分けした残りのセグメントのゲストたちにはノイズと映る可能性がある。①と②のゲストにとってＴＤＲとは、普通に楽しむ「夢の空間」だ。どんなアトラクションに乗ろうか、何か面白いものはないかと興味をいだいてパーク内を散策するのだが、その前を明確な目的をもって行動するＤヲタたちが通り過ぎるのだ。非日常を楽しもうとする一般のゲストからすれば、仕事のように、さながら「業績原理主義」的にパークを動き回るＤヲタたちは、ややもすれば非日常感覚を日常に引き戻すような存在に映りかねない。

④のウォルト主義のゲスト（元キャストだった人間が多い）からすれば、現状の事態は深刻だ。彼らはウォルトが創造したディズニー世界を体感すべくＴＤＲにやってきているのに、Ｄヲタたちはマイ・ディズニースタイルでパーク内を闊歩している。Ｄヲタたちのこうした行動は、彼らの世界観を破壊する。原理主義者たちにとってＤヲタとは「全くわかっていない連中」、そして「敵＝グレムリン」に映るのだ。だから、原理主義的な考えをいだくようになればなるほど、テーマ性の崩

壊と相まって、Dヲタたちが増え続けるパークに足が向かわなくなる。つまり「あそこは、もう私たちの知っているパークではない」「一九八〇―九〇年代のときのような感動が感じられない」「キャラクター重視でテーマが感じられない」。そのため、彼らにとって本物のディズニー世界が存在するのは、アメリカのディズニーランドということになる。

原理主義者たちの異議申し立て

TDRの変容に、原理主義者たちから「ちょっと待った！」がかかった。

二〇一五年五月、『ファインディング・ニモ』と、その後篇にあたり『ファインディング・ドリー』（監督：アンドリュー・スタントン、二〇一六年）の世界を再現したアトラクションがTDSのテーマポート、ポートディスカバリーに建設されることが発表された。だが、これによって既存のアトラクション、ストームライダーがクローズになる。つまり二つのアトラクションが置き換わることになるのだが、これに異議申し立てがなされたのだ。

ストームライダーは、気象観測施設「気象コントロールセンター」から飛行型気象観測ラボ「ストームライダー」に搭乗するというアトラクションだが、このアトラクションがあるテーマポート、ポートディスカバリーの物語（バックグラウンドストーリー）は「地球の気象の謎を解明しようとするストームライダー計画の研究成果を発表するために、祝いのお祭りをしている」というものである。これに従って、ポート内にあるアトラクション、アクアトピアは研究中の新航海装置を祭りに合わせてテスト走行させ、公開しているという設定。レストランのホライズンベイ・レストランも、祭りのために潜水艦格納庫を一時的に改装したという設定がなされている。またポート全体の演出も、これに基づいたレトロフューチャーのデザインで統一している。つまり、ストームライダーの存在はポートディスカバリーの根幹をなしている。そのため、『ファインディング・ニモ』への変更は、テーマポートの存在それ自体の否定になってしまうのだ。

そこで、テーマ性を重視するファンから反対の声が上がったのである。「ツイッター」上では「#ストームライダークローズ反対」のハッシュタグが登場。クローズ中止を求める署名ページも立ち上がった。彼らが反対する理由は「エリアの世界観が崩壊する」というウォルト主義に基づくものだった（ただし、OLC側としては「自然と科学の調和」という世界観があり、それについて変更はないとコメントしている）。そして、この異議申し立てにはメディアも注目し、「Yahoo! Japan」のトップに記事[12]が登場。僕も六月十八日、この件について扱ったブログをブログとりまとめサイト「BLOGOS」上に掲載[13]したが、一日で四万件ほどの閲覧があり、その日の記事としては総合で一位のアクセス数を獲得してしまうほどだった。これらは、いずれもテーマ崩壊についての関心の高さ、言い換えれば原理主義者たちの底辺の広さをうかがわせる出来事だった。

現在、TDRは年間三千万の入場者数を誇る。そのゲスト層の変化に拍車がかかってゲストのオタク化が進めば、セグメント②のゲストは減っていくだろう。またセグメント④、つまり原理主義者の層は、すでにTDRからはある程度撤退しているのではないだろうか。そのため、最終的に顧客層のコアは③のDヲタ、そしてテーマ性をよく認知していない①の一見客と子どもになる可能性が高いと考えられる。

だがそうなった場合、ＴＤＲの未来はあまり明るくないものになってしまうのだろうか。つまり、マニアックなパークへと変容することで、入場者数を減らしてしまうのではないか。
だが、実はそうでもなさそうなのである。

注

(1) イーライ・パリサーは、こうした膨大なインターネット情報のなかから自分の嗜好に合わせた情報だけを収集し自閉的な世界観を作ってしまう現象をフィルターバブルと呼んでいる（イーライ・パリサー『閉じこもるインターネット――グーグル・パーソナライズ・民主主義』井口耕二訳、早川書房、二〇一二年）。フィルターバブルの状態では、自らの情報世界を補強・保障するために、さらにインターネットへのアクセスに向かうというスパイラルがはたらき、その世界観はますます現実から乖離して社会性を喪失していく危険性を備えている。

(2) ちなみにこれは安全上の問題も考慮されているのだろう。ＴＤＲ内ではパーク内を走り回る乗り物（オムニバス、ホースレス・キャリッジ、ファイヤー・エンジン、ジョリートロリーなど）のほとんどが廃止（形式的には休止）されたが、これはゲストの数が増えすぎたためにＴＤＲ側が危険と判断した結果とも考えられる。

(3) インターワイヤードのネットリサーチが二〇〇五年八月に実施した調査によれば、ＴＤＲのゲストの家族比率は七〇パーセントだった。数値だけをみるとファミリーエンターテインメントは維持されているように思えるが、ＤＬ、ＷＤＷの家族比率は九〇パーセントを超えている（https://www.

dims.ne.jp/timelyresearch/2005/050927/index.html)。

（４）いずれもオリエンタルランドグループ公式ウェブサイト内の「ゲストプロフィール」（〔http://www.olc.co.jp/tdr/guest/profile.html〕［アクセス二〇一六年五月三十日］）から。

（５）片岡栄美「消費文化・情報メディア体験からみた青少年のライフスタイルと価値志向」、内閣府政策統括官編『日本の青少年の生活と意識――第二回調査　青少年の生活と意識に関する基本調査報告書』所収、財務省印刷局、二〇〇一年

（６）ニール・ゲイブラーによれば、一九三六年にシカゴ美術協会はディズニーの絵画百点を展示して「これはあらゆる点で芸術である」と賞賛した。また『戦艦ポチョムキン』（配給：ＡＴＧ、一九二五年）で知られるロシアの映画監督セルゲイ・エイゼンシュテインは「彼の映画の完成度には驚嘆する」と激賞した。そして「ウォルトの唯一の野心はすぐれたアニメを作ることであり財産を作ることではなかった」という（ニール・ゲイブラー『創造の狂気　ウォルト・ディズニー』中谷和男訳、ダイヤモンド社、二〇〇七年、二一四―二一六ページ）。

（７）ただし、このテーマはオフィシャルというわけではない。世界各国にあるディズニーのパークにはメインテーマ（厳密にはキャッチフレーズだが）がある。ＴＤＬは「夢と魔法の王国」、ＴＤＳは「さあ、冒険とイマジネーションの海へ」、ＷＤＷのマジックキングダム（ＴＤＲのＴＤＬに該当）は「魔法の王国」、エプコットは「実験未来都市」といった具合だ。だが、なぜかＤＬにはない。しかしテーマの統一感については、ある意味、最も徹底しているといっていい。それは、要するに“Diseny's land”。「ウォルトが考えたテーマパーク」ということになる。

（８）ただし、売り子の仕事は二カ月で辞めさせられている。

（９）「ウォルト・ディズニーの見た夢」（http://www.tokyodisneyresort.jp/tdr/about/walt.html）［アクセ

ス二〇一六年五月三十日]
（10）家畜はコントロールが難しいので、そのかわりとしてパーク内にはオーディオ・アニマトロニクスと呼ばれる機械仕掛けの人形を設置するのだが、本アトラクションはウォルトがオープン時に家畜を多く配置していたことにちなんで踏襲しているのだろう。ここでゲストは、ヤギや馬などに直接触れることができる。ちなみに、本アトラクションはフロンティアランド内の一部がスター・ウォーズ・ランドに変更されるのにともない、二〇一六年一月に廃止された。
（11）『ブラタモリ』NHK総合、二〇〇九年十一月十九日放送
（12）黒木貴啓「ディズニーシー「ストームライダー」終了に反対の声　裏側にあった綿密なストーリー設計、オリエンタルランドの見解は」二〇一五年六月十三日（http://news.yahoo.co.jp/pickup/6163473）[アクセス二〇一六年五月三十日]
（13）新井克弥「東京ディズニーリゾートの混迷――いま、あそこはテーマパークなのか？」二〇一五年六月十八日（http://blogos.com/article/117502/）

第7章　ディズニー化する社会、脱ディズニー化するTDR、そして……

1　ファストフードとファミレスを経験した一九七〇年代

ここまでのＴＤＲ変容の分析を踏まえたうえで、本章からはその変容の現代社会での意味、そして現代社会の変容との関係性に立ち入ろう。ここでは「ＴＤＬからみる現代社会論」を展開してみたい。

まずは再び時代を一九八三年、ＴＤＬのオープン時に戻そう。

当時、初めてパークを訪れたゲストの多くが、入場するなりディズニーランドの圧倒的な存在感に驚かされた。テーマに基づいて徹底的に作り上げられたその空間は、まさに異空間、あるいはマスメディアを通して構築された外国イメージそのものだった(1)。そしてもちろん目の前にディズニーという「夢の世界の実物」があったことも、その存在感を高めていた。ゲストたちはその目新しさに夢中になった。

そんななかで、あまり指摘されていないことだが、もう一つ当時のゲストたちが驚いたものがある。レストランである。アトラクションやショーの合間に小休止して、食事のために入るこの空間もまた、目にしたことがないものばかりだった。

「レストランなんて当たり前じゃないの?」。現代の若者たちからすれば、この感覚はひょっとしたら理解できないかもしれない。そんなふうに思えてしまう背景には、現代では当たり前のものが当時は当たり前でなく、一方、その当たり前でないものがTDLのレストランにはあったという事情がある。これはパークオープン時のわが国での飲食サービス、そしてそれが位置する日本各地の商店街の状況を振り返るとみえてくる。

一九七一年、ファストフードのマクドナルド日本第一号店が銀座にオープンする。規格化された店内、商品、パッケージ。ユニフォームを身にまとい、マニュアルに従って均質的かつにこやかに顧客に対応し、よどみなく流れるように働き続ける従業員たち。これらすべてが、当時の日本人には目新しいものと映った。というのも、このように規格化されたサービスをカジュアルに受けられる環境は当時の日本ではほとんど存在しなかったからだ。

当時は、外食といえばレストランよりも食堂(定食屋)、そば・うどん・ラーメン屋、中華料理店のほうが一般的だった。店内にあるのはテーブルと椅子、そして壁にぶら下げた品書きだけ。並んでいるメニューもラーメン、カレー、そば、カツ丼といった大衆的なラインナップでしかなかった(一般人が華やいだ雰囲気のなかで食事が可能だった例外的な場所はデパート最上階の大食堂で、この場所に人々はしばしば正装してやってきた)。こうした時代に、ハンバーガーというハイカラな商品、そしてシステム化された店内とサービスが登場したのである。それはさながら、「ここはアメリカ？」と思ってしまうような驚きをもって迎えられたのだった。

一九七〇年代に入って、ファストフードとファミリーレストラン（以下、ファミレスと略記）は全国に展開するようになる。ただし、当初はそのシステムに日本人は躊躇し、マクドナルドやわが国のファミレスの元祖・すかいらーく（現ガスト）に出かけるにあたって、人によっては多少オシャレをするような気合いさえ必要だったりした。その後、八〇年代に入るとファストフードとファミレスは完全に定着する。たとえば、マクドナルドは八一年に三百店舗、(2)七〇年に店舗展開を開始したすかいらーくも同年、三百店舗にまで増加している。(3)つまり、こうした規格化・均質化された空間とサービスを提供する外食施設に、日本人もすっかりなじむようになっていった。気がつけば、日本のあちこちにファストフード店とファミレスが存在するという環境ができあがっていたのである。

２　ディズニー化とは何か

テーマ性が加えられたレストラン

ところが、そうした、いわばレストラン・リテラシーが高まっていた時代に入っていたにもかかわらず、当時の日本人にディズニーランドのレストランは驚きの目をもって迎えられた。既存のレストランとは全く異なる付加的要素が、そこにはあったからである。

その付加的要素とは、いうまでもなく、何度となく指摘してきたテーマ性である。規格化された店内や商品提供、サービスに加えて、そこにはテーマ、つまり「統辞＝物語」と「範列＝ジャンル」が付け加えられていたのだ。

アドベンチャーランドのカリブの海賊内にあるブルーバイユー・レストランについてみてみよう。TDLの公式ウェブサイトでは次のように説明されている。

青い入り江のロマンティックなレストラン
ブルーバイユーとは〝青い入り江〟のこと。その名の通り、静かな入り江に面したこのガーデンレストランで味わえるのは、クレオール風のお料理です。蛍が飛びかう夕暮れのロマンティックな雰囲気の中で、あなたは誰とテーブルを囲みますか？(4)

アメリカ南部、ニューオーリンズの夜をイメージしたオープンエアー形式のレストラン（実際には室内で、天井に星空が描かれている）。外装はコロニアル様式で店内は暗く、蛍が飛び交い、コオロギやカエルの声も聞こえる。日本風の提灯をぶら下げているのは、ニューオーリンズの港に陸揚げされた世界各国のものの一つに日本のものがあったという設定だ。フレンチ・アメリカン様式の水色のロングドレス（現在は茶系に変更）を身にまとったキャストは、ゲストに昼間であっても「こんばんは」と声をかける。このように範列＝ジャンルを何重にも塗り重ねて、さながら十九世紀アメリカ南部の邸宅で開催されるパーティー（＝統辞）の雰囲気を醸し出している。人々はそこに一般のレストランでは味わえない日常とは何か別のドラマチックな物語を読み取らなければならない空間におかれることになる。

フォーディズム、マクドナルド化、そしてディズニー化

こうした事例をもとに、少し社会学的な用語を用いて状況を整理してみよう。

ジョージ・リッツァはグローバリゼーションがもたらす一つの現象として「マクドナルド化」[5]という概念を提示している。マクドナルド化とはフォーディズムに基づく空間の徹底的な合理化プロセスを指している。

「フォーディズム」とは製品を作る際に工程を合理化して大量生産による規格化・効率化を可能にするシステムを指す。自動車メーカーのフォード・モーター社がフォード・モデルＴ（通称Ｔ型フォード）を生産するにあたってベルトコンベヤーを採用し、オートメーション化に成功したことから名付けられている。

一方、マクドナルド化とは、このフォーディズムでの効率化が生産現場にとどまらず、消費者とのインターフェイスであるサービスの場にも波及することを指す。日本人は一九七〇年代、文字どおりマクドナルドによってマクドナルド化、つまりシステム化されたサービスを経験し、八〇年代には、これにすっかり馴化していった。

だが、これには次の段階がある。それがアラン・ブライマンが指摘する「ディズニー化（ディズ

ニーゼーション)」[6]だ。狭義には、マニュアルによっておこなわれる、均質化されたサービスを基調とするマクドナルド化のシステムに加えて、日常とは異なる印象を与えるような演出や、ドラマチックな感覚を生じさせる経験を提供できる環境を用意することを指す。そのような「経験の演出」は、「テーマ化」によってなされている(ちなみにこれと類似した言葉に「ディズニフィケーション」があり、こちらもディズニー化と訳されてきたためしばしば混同されるが、こちらは別の概念である。詳細については第8章「TDRは聖地になりうるか?」を参照されたい[7])。

つまり「ディズニー化」とは「マクドナルド化+テーマ化」のことを指しているのだ。オープン時にゲストたちは、ディズニー化したレストランを実質的に初めて目にした。その光景は、それまで最先端と思われていたマクドナルド化に基づくファストフードやファミレスのさらに一歩先をいくものとゲストたちには映った。ただし、彼らにはそれがどのようなものなのかはわからず、ただ驚くばかりだったというわけだ。

3 社会がディズニー化していく

ディズニー化の典型はイオンモール?

このようなブライマンの主張は単にディズニーランドという空間だけに限定されない。この言葉を用いて現代社会が次第にディズニー化していくことも、ブライマンの指摘には含まれている。

地方都市に住んでいるのであれば、その生活環境、とりわけ消費環境を想起するとき、あちこちがこうしたディズニー化された環境で埋め尽くされていることがわかる。

たとえば、その典型はイオンモールに見て取ることができる。イオンモールはイオンが提供するモール、つまり商店街のことだ。一般の商店街では、店舗をそれぞれの店主が運営する。多くの場合、店舗が住居を兼ねていたりもする。こういった様々な店舗が自然密集するかたちで商店街は成立している。そして、かつてならば、通りを歩行者天国にし、屋根を設けてアーケード街にするというパターンがあちこちでみられた。イオンモールは、これを雛型にしたテーマパークと考えるとわかりやすい。その典型的な構造を、九州最大級の規模を誇るイオンモール宮崎を例にみてみよう。

イオンモール宮崎では、巨大な敷地の一部が商店街＝モールになっている。そこでは、バラバラに店舗があるのではなく、巨大な施設のなかに計画的に配置されている。一般の商店街と同じように通りがあり、屋根が付けられてアーケード街になっているが、これは通りにあとから屋根を付けたのではなく、最初から全体が閉じられた空間であり、そのなかに商店街をすっぽりと収めているとみなしたほうが適切だろう。密閉されたエリア内は空調によって夏は涼しく、冬は暖かい快適な環境を保って、一般的なアーケード＝モールよりもはるかに過ごしやすくなっている。

店内の構造も見事に規格化されている。一方の端にスーパーマーケット、総合スーパーのイオン（かつてのジャスコ）が配置され、もう一方の端にインテリア雑貨、生活雑貨、化粧品、百円均一、ファストファッションなどを取り扱うアミューズメント性が高い店舗がおかれている。イベントステージやラジオのサテライトスタジオ、そしてスポーツクラブなどはアミューズメント側に配置される。いわば「俗＝日常」と「遊＝その日常を彩るもの」が両端におかれている構造だ（場合によってはイオンホールと呼ばれる二階中央の施設をイベント用に利用することもあるが、この場合イベント・ホールは「聖」なる空間として位置づけられる）。

この二つのエリアを、平行する二つの大きな通路で結んで顧客を回遊させる。一方の通路はいわば目抜き通りで、ここにはブランドショップ、貴金属店などが立ち並ぶ。もう一方はレストランや雑貨を中心とした通りで、ややカジュアルな演出が特徴的だ。コーヒーと各国のこじゃれた食品を提供するカルディコーヒーファームなどは各地のイオンモールでは定番の店舗だ。そして、この二つの間に何本かの小道＝パスが設けられている。これはいわば横町として機能していて、店舗を巡るうちに、ちょっと横に逸れて一息入れるといった位置づけがなされているといえるだろう。このあたりにおかれる店舗の典型はスターバックス、タリーズなどのコーヒーショップだ。

施設内の周縁部にはスポーツクラブや携帯電話ショップ、クリニックなどがおかれている。これは商店街のややはずれにあるといった位置づけだろう。二階には趣味の店や、よりカジュアルなブティック、さらには英会話などのカルチャースクール、旅行代理店などが軒を連ねる。また、アミューズメント・エリアの二階部分は、アミューズメント性がより高いシネマコンプレックス、楽器店、書店、ゲームセンターなどがある。そして中央エリア、誰もが最もアクセスしやすい場所にフードコートを用意して、食事を手早くすませたい顧客のニーズに対応している。

イオンモールは、ここが巨大な一つの施設というよりも、あくまで商店街であることを装うための戦略にも抜け目がない。施設の多くは途中で通路を「くの字型」に曲げたり、S字にしたりしていて、両端、つまりスーパーマーケットとその反対側にあるアミューズメント・エリアが直接には見えなくなっている。こうすることで、ここが一つの空間ではなく入り組んだ商店街であることを演出し、顧客がモール内を周遊する欲望を煽っている。

一般の商店街の構造と異なるのは、二階の店舗を一階吹き抜けの周辺に配置して、一階と二階が互いに見渡せるようになっている点だ。いわば、一定空間に商店街を二層＝立体的に構築するといった手法をとっている。遠くまで足を運ぶという感覚を心理的に除去すると同時に、にぎわいを感じさせることにも成功している。

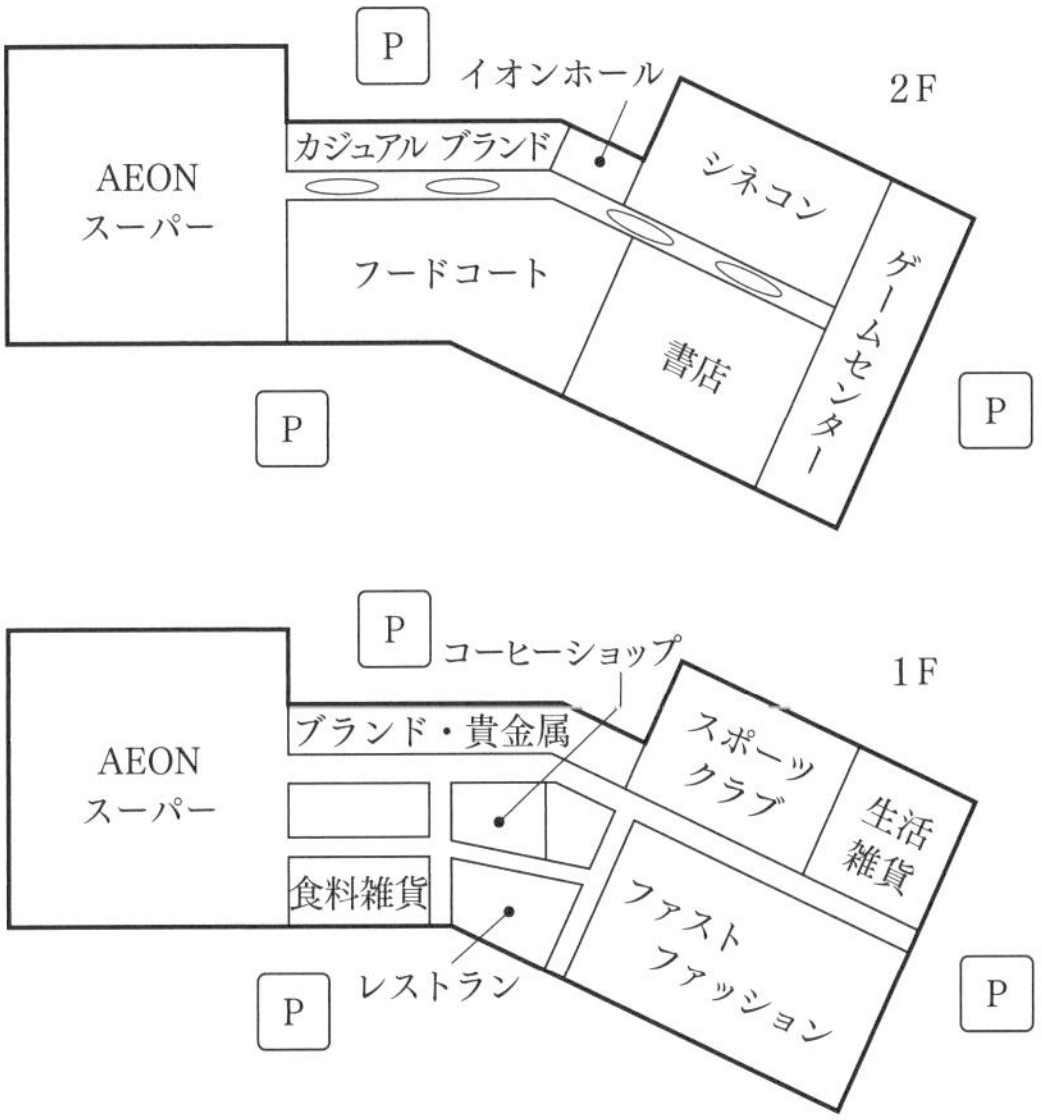

図6　イオンモールの施設内マップ

つまり、イオンモールとは、「モール＝商店街」という名のテーマパークなのである。ここにやってくれば「商店街テーマパーク」として一日を楽しむことができる。スポーツクラブで一汗流し、シネコンで映画を鑑賞し、書店で本を探し、ブティックや雑貨店をウィンドーショッピングしたあと、スーパーマーケットで食材を購入するという「一日の物語」を体験すれば、時間はあっという間に過ぎてしまう。

面白いのは、店舗以外に膨大な空間が確保されていることだ。イオンモールそれ自体は郊外に建てられることが多く、車でモールを訪れることが前提になっているので、その駐車スペースを確保するために店舗以上の敷地を用意している。これはディズニーランドが広大な駐車スペースを確保しているのと同様の仕組みだ。

一般の店舗もまたテーマパーク化した

そして、気がつけば街中が何らかのかたちで、大なり小なりこうしたイオンモール的テーマパーク空間で彩られるようになっている。イオンモールに限らず、もはや多くのショッピングモールが、こうしたテーマパーク化された空間で構築されている。また、小規模なものなら郊外型の量販店の多くがやはりテーマパーク化を志向している。たとえば、家電量販店のヤマダ電機、エディオンなどは、かつてあった秋葉原電気屋街のテーマパーク化だ。もちろん、その最先端を標榜する一つがOLCが提供しているショッピングモール、TDLの目の前にあるイクスピアリであることはいうまでもないだろう。

さらに小規模なものになればレストランや居酒屋、ファストフード店までがこうしたテーマパーク化を志向しつつある。

たとえば、居酒屋チェーン店の一つに宮崎県日南市塚田農場（以下、日南塚田農場と略記）がある。この店のテーマは統辞＝物語としては「日南の地で獲れたての素材と自慢の郷土料理を持ち寄って催される宴」だ。これに基づいて、みやざき地頭鶏《じとっこ》、冷や汁、飫肥天《おび》（日南市飫肥名産の揚げかまぼこ）、豆鰺、チキン南蛮といった宮崎料理が酒の肴に提供される。アルコールもその中心は宮崎焼酎（日南の飫肥杉や都城の黒霧島など）や柑橘系（日向夏）のサワー。ワインも宮崎県都農《つの》町で生産される都農ワインと、飲食物の範列＝ジャンルを宮崎（とりわけ日南）で統一している。

店内では「宴」の物語に基づいて、いわば「おもてなし」を展開する。

客にメニューを提示する際、そのメニューが宮崎特産のもので、人によってはなじみがないものが多いために、ホール係が一つひとつを説明する（ホール係は日南市をイメージした浴衣をまとっている）。また、料理の提供の仕方にも工夫がみられる。たとえば、みやざき地頭鶏のメニュー「じとっこ炭火焼」を注文すると、鍬《くわ》の形をした鉄板に乗せて供されるのだが、食べ終えるとホール係はこの鉄板をいったん下げる。しばらくすると再び鉄板を持って戻ってくるのだが、その上にはライスが乗せられている。鉄板に残った鶏の脂をライスと和えて温め直し、シメのご飯として提供するのだ。

そして、精算時には日南塚田農場のポイントカードが渡され、そこに顧客は自分の名前を任意ではあるが書かされる。このポイントカードは名刺の形状をしていて、そこに「主任」「課長」といった役職が記してある。この「役職」は繰り返しこの店を利用することで「昇進」する仕組みで、そのたびにプレゼントがもらえるようになっている。ただし、プレゼントに何がもらえるかは秘密（裏メニューや日南の名産品など）である。つまり、リピーターにするための演出を施しているのだ。

この文脈では、日南塚田農場にやってきた顧客は宮崎料理を提供（生産？）している塚田農場の従業員になり、自らの農場の、そして宮崎県の発展に寄与する物語を消費することになる。

アイスクリームショップのコールド・ストーン・クリーマリーの演出も、実にテーマパーク的でパフォーマティブだ。社長自ら「食のエンターテイメントを目指す[8]」と宣言しているように、スタッフは歌い踊りながらアイスを作って客に提供する（原則、いちばん大きなサイズ「Gotta Have It」を注文したときに限定されるが、リクエストすれば歌ってくれる）。歌は替え歌も含めて相当数にのぼる（なかには「ミッキーマウス・マーチ」もある）。スタッフたちの本気度はきわめて高く、替え歌やダンスパフォーマンスはその多くが本人たちの創作だ。その真剣さは、ＴＤＲのキャストに通じるものがある。閉店時に下ろすシャッターを幕になぞらえ、スタッフ全員が踊るなか、シャッターが閉まっていくというパフォーマンスを繰り広げることもある。こうなると店は劇場、従業員の職場は舞台上、つまりオンステージとなる。そして、スタッフはステージ上で演じる役者、つまりキャストで顧客はゲストということになり、ディズニーと同じことになる。

様々な営業の形態で、その空間をイオンモールのようにテーマパーク化していくことは、もはや現代では一般化しつつある。あちこちがハイパーリアルなテーマパーク空間の様相を呈し始めているのだ。

このような状況を僕は「イオン化傾向の高まり」と呼んでいるが[9]、これはすなわち「ディズニー化」のことにほかならないのである。

ディズニー化はグローバル化の必然的帰結

だがブライマンは、こうした個々の環境がテーマパーク化していくことだけをディズニー化するとは呼んでいない。むしろ、この言葉が示そうとしている本質とは、「ディズニー・テーマパークの諸原理がアメリカ社会と世界の分野に普及するようになってきているプロセス」[10]という広義の意味にある。そして、それはなにもディズニーランドが先にディズニー化し、それに社会が追随するという意味合いではなく、ディズニー化は全世界で進行しつつあるグローバリゼーションの一環であり、その現象が象徴的かつ典型的に現れるのがディズニーランドだとブライマンはいうのだ。つまり、ディズニーランドとディズニー化する社会は因果関係ではなく、相関関係として捉えるべきとしているのである。

このブライマンの指摘は興味深い。ディズニーランドで起きていることは、現代社会でもすでに起きている。ただし、それはまだ複雑で一般的には認識しづらい。しかし、ディズニーランドではこの複雑性は縮減化されたかたちで可視化され、その世界観を私たちに提示している。そのため、結果としてディズニーランドで起きていることは現代社会での先行事例としての現象と捉えることができるだろう。言い換えれば、この現象はサンプルであり、いずれ社会全体で可視化する――。

テーマパーク、ＤＬがアメリカに出現したのは一九五五年。その後、アメリカでは社会のテーマパーク化[11]が顕著になっていった。そして、ここまで確認してきたように八三年のＴＤＬオープン後、日本でもディズニー化＝イオン化、つまりテーマパーク化が進行していった。

だが、敷衍すればそれは、現在ＴＤＲで起こっているテーマ性の崩壊という一連の現象は、ひるがえってこれから日本社会に発生する必然的な事態であるということ、いやすでにそれはもう起こっていて、その現実をＴＤＲが未来予想図的にみせているにすぎないということでもある。メディア社会論の立場からみれば、ＴＤＲの変化とは日本社会の近未来を映し出しているということにほかならない。

4　脱ディズニー化する未来

第６章で「ドン・キホーテ化」「アキバ化」という言葉で指摘しておいたように、ＴＤＲは現在、自らのテーマ性をどんどん切り崩しつつある。ドン・キホーテの「文脈」で説明するならば、現在のＴＤＲにあるのはひたすらに混沌である。膨大な数のアイテム＝情報がまき散らされて、その全体像を把握することは不可能になってしまっている。また秋葉原のように過去を振り返ることがないので、過去からの文脈＝物語の痕跡を読むことも難しい。そのため、本来ならこの情報のカオスがもたらすイリンクスに私たちは不安を覚えるはずだ。

ところが、それを感じることなく、私たちはこのカオスな状況をどこかで喜々として受け入れている。もはや日常的な情報の洪水に馴化して、これに対応する手段を熟知しているからだ。私たちは情報群のなかから自らの欲望に基づいて必要な情報だけをチョイスし、それ以外を「ただの風景」としてスルーする術を身につけていたのだ。そして、このような環境をドン・キホーテやアキバよりも早く、あるいはこれらとシンクロするかたちで具現化し視覚化してきたのがＴＤＲの環境にほかならない。これらの一連の流れはディズニー化、すなわちテーマ性に基づいて環境を構築するよりもさらに一歩先をいった「情報の横溢」のため、「脱ディズニー化」という言葉で表現するのが適切だろう。では、これは具体的にはどういった状態を指すものだろうか。

閉じた系と開いた系

テーマパークは本来、「閉じた系」と表現される。TDRを例にとれば、すでにみてきたように、様々なランドやポート（シー）が存在し、それぞれが各テーマに基づいて環境を構築し、またそれぞれのランド・ポート間の環境も管理されて、さらにキャストの動きとゲストの動きも管理される。つまり、ディズニーという全体を統括する頂点のメインテーマ＝ウォルト主義が、その下位に属するあらゆる環境をトップダウンで一元管理する。もちろん、そこには第3章で示したように統辞と範列からなるテーマ性といったある種のルールがあり、そこから逸脱することは許されない。こうした徹底管理によって、空間は常にメンテナンスされ続ける。

これは、たとえばTDLでの施設の構築方法を踏まえれば明快だろう。周囲を土盛りし、パークを周辺、つまり浦安市から完全に隔離して独自の閉鎖的な世界を作り上げる。外部から完全に独立させたかたちでミクロコスモスを現出させるのである。[12] 本章で展開したフォーディズム、マクドナルド化、そしてディズニー化という流れは、この一元管理、すなわち「閉じた系」の範囲内での発展の歴史にほかならない。

だが、このようにテーマ性に基づいて徹底管理してしまえば、それは均質化・画一化をもたらし、全く自由がきかない状況を作り出してしまうのではないか。ところが、そうではない。こうした画一化に向けた動きはマクドナルド化することで典型的にみられるものであって、その先の段階に位置づけられるディズニー化にあっては必ずしも該当しないとブライマンは留保している。テーマ性の保持という管理状態にあったとしても、制約は形式的な側面に限定され、その内容、すなわち物語に関しては多様性と差異性の創出が許容される。形式はマクドナルド化と同様に共通だが、そこに含まれる内容の多様性や自由度は確保されているのだ。これは第4章で確認したTDSでのキャラクターなきテーマ性、あるいはダッフィーの存在を踏まえれば十分納得がいくだろう。ただし、この段階ではトップダウンによる一元管理、つまり単一の目的に対して最適の手段を設定するというレベルであるため、私たちはまだツリー構造（官僚制を典型とするトップダウンの管理システム）からなるモダン社会というポストモダンの前段階的な「閉じた系」の範疇にある。コントロール権は環境を制御する側、つまりディズニー側（＝OLC側）に相変わらず委ねられている。

一方、脱ディズニー化とはその逆の「開いた系」だ。ここでは、最後の縛りであるテーマ性という形式までも形骸化する。第6章で述べてきたDヲタたちの行動にみられるように、人々はそれぞれの欲望に基づいてしつらえた個々の物語をTDRから読み取ろうとする。だから、もはや彼らはディズニーによる支配からは脱却している。そのような心性からすれば、自由に個別の物語を作っても最終的にはウォルト主義という一元的で大きな物語のもとにおかれてしまうパターナリズム（父権主義）的なディズニーランドの環境は、むしろ押し付けがましいものでしかない。つまり、かつては「親しげにこちらに語りかけてくるウォルトおじさん」に思えた存在が「説教好きの頑固親父」に映る。そして、この個別の欲望に、意図的なのか偶然なのかは不明だが、結果としてＴＤＲ側はうまく対応したのである。

ただし、前述したように、それはテーマ性＝テーマの内容ばかりかＴＤＲを消費する形式の変化も許容することを意味している。それが結果として、ウォルト主義による一元的に管理された世界を破壊し、Ｄヲタたちのニーズに応えるごった煮＝ドンキ的な空間をパーク内に作り上げていったのだ。しかも、これはやむことがない。パークはアキバ的状況と同様に、過去を振り返ることなくメタモルフォーゼを繰り返してＤヲタランドへと化していく。気がつけば、ウォルトの世界とは全く別の環境が構築されていたということになるのかもしれない。当然のことながら、そこにはもう、ウォルトはいない。

とはいえ、これはミッキーというキャラクターが消滅することを意味しない。いや、むしろこうした状況でこそミッキーの存在はかえっていっそう重要になる。ただそれは、ＴＤＲがディズニーの空間であることを示すロゴ＝トレードマークとしてだけだ。言い換えれば、背後にミッキーの存在が確認されさえすれば、施設もキャラクターも何でもありなのである。たとえば、関連が薄いアトラクションや施設に隠れミッキーを忍ばせれば、それはディズニーの範列に含まれることを担保する。だからウォルト的なミッキーは消えるが、ディズニー世界であることを保証する存在、いわば「印籠」としてのミッキーはますます重要になっていくのだ。だが、それはミッキーの形をしていても、かつてのウォルトの分身としてのミッキーとは別の存在だ。当然ながらウォルト的なミッキーは、もう消えてしまっている。だから、ＴＤＲにウォルト的な世界をみようとするモダンな人

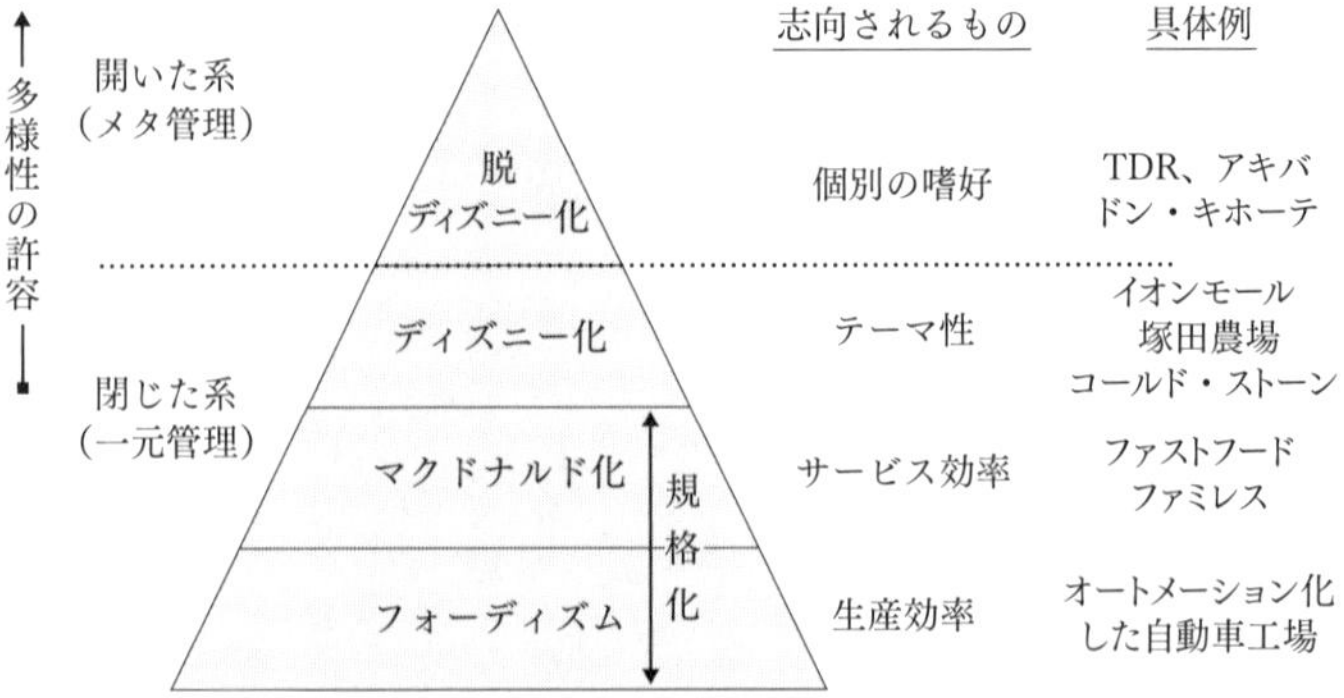

図7　フォーディズムから脱ディズニー化へ

間には、このポストモダン的状況が横溢しているあの場所が違和感を感じさせる空間にしかみえなくなってしまうのだ。

　そして、ブライマン的に考えれば、この状況が実は日本社会の数年後の姿ということになる。情報化の進展にともなって日本社会は情報の多様化をさらに推し進め、日本人はそれぞれの嗜好をいっそう細分化させて誰もがオタク的心性を強めていく。その最先端を指し示しているのがＴＤＲなのだ。一見すると、それは異界にすぎず、私たちが迎えることになる近未来にはみえないかもしれない。しかし、実はすでにドン・キホーテやアキバというパーク外の環境でも現実化している。この二つは、脱ディズニー化、つまり同じ構造から成立している。しかもＴＤＲの変容と見事にシンクロしているのだ。これが、現在のいわば「イオン化傾向」が高い現代社会空間、つまりディズニー化された空間のあとに新しいフォーマットとして登場する。広義の意味での脱ディズニー化がこれからの社会で起こるのである。

誰がこのカオスを管理するのか

カオス化するＴＤＲ空間。しかし、そんな空間はやがてただのゴミ箱のような存在になって、パークとしての体をなさなくなってしまうのではないか。

ディズニー化＝ウォルト主義というパークのあり方がデフォルト（正しいもの）だとするならば、もちろんそのとおりだ。しかし、デフォルトを超えた新しいパーク、つまりメタパークのあり方という視点から捉えるならば、これはこれで十分に成立する。事実、その現在形こそがＴＤＲなのだから。

ここまで確認してきたように、まずフォーディズム、マクドナルド化があり、そしてディズニー化があった。ディズニー化では、マクドナルド化によって画一化・均質化された社会が、テーマ性によって一元的な形式のなかに多様性を含ませていくことが可能になった。これは物語の多様化が可能になったということでもあった。ただし、あくまで形式が担保されていることが条件だった。

そして、その次に起こる脱ディズニー化も、やはりこの多様性をさらに許容しながら、一元化＝システム化を推し進めるようにして進むのではないだろうか。ただし、形式までもが多様化を許容されるというかたちで。情報システム・消費システムが形式面でも内容面でも人々のあらゆる欲望に応え、それぞれの自由を保障する一方で、こうした多様性を柔軟に吸収しながら包括的に一元管理するメタ・システムが構築されるのだ。必然的に、それはシステムという形式そのものも不断にメタモルフォーゼしていくことを意味している。そして、もはやそこには明確な管理者は存在しない。システムだけが自律的＝オートマチックにメンテナンス、あるいはバージョンアップを繰り返すのだ。この一元管理の主体を強いてあげるとすれば、それはおそらく統計的結果ということになるだろう。不断にゲストのニーズをフィードバックしてそれを統計的に解析処理し、多様化したゲストたちの個々の嗜好に対する最適値をそれぞれに返していく。その最適値は、このプロセスを繰り返すことによってデータが増えれば増えるほど精度を上げていく。さながら「アマゾン」のレコメンデーション機能（メンバーの閲覧・購入履歴を解析してオススメの商品を紹介してくる機能）や、グーグルの検索エンジンのサジェスト機能のように。

これを先んじて実現しているものこそ、TDRなのだ。現在、パーク側はDヲタたちそれぞれが保持するマイ・ディズニーすべてを受け入れることを目指すような、より包括的なメタテーマパーク構造の構築とメンテナンス、そして変革に余念がない。パレードの分析でみたように、物語が存在せず様々なキャラクターがカオス的に登場するその光景は、Dヲタの数だけパレードの読み取り方が異なるという状況を作り出している。もしあなたがDヲタだったら、こんなにも私だけの夢をかなえてくれるパークやパレードはこれまで存在しなかったという感慨さえもつのではないだろうか。

これは危ういことなのだろうか。いや、そんなことはないだろう。ウォルト主義の人間が衰退して、Dヲタ、そしてDヲタ的心性の持ち主が大勢となりつつあるとすれば、この変化はパークにとってもゲストにとってもむしろ理にかなっている。

そして、これがTDRだけではなく日本社会全体にまで浸透したとき、いよいよ日本は本格的なオタク社会を迎えるということになるのだろう。日本社会、そして世界は集合名詞から衆多名詞的空間、つまり個々バラバラの欲望が相互に関連することなくそれぞれに充足される世界へと変容していくのである。

注

（1）高成田亨にいわせれば「ここはアメリカ」だった（前掲『ディズニーランドの経済学』）。
（2）日本マクドナルドホールディングス公式ウェブサイト内「企業情報　沿革・歴史」（http://www.mcd-holdings.co.jp/company/history/index.html）［アクセス二〇一六年五月三十日］
（3）すかいらーくグループ公式ウェブサイト内「株式会社すかいらーく　沿革」（http://www.skylark.co.jp/company/skylark_history.html）［アクセス二〇一六年五月三十日］
（4）東京ディズニーリゾート公式ウェブサイト内「ブルーバイユー・レストラン」（http://www.tokyodisneyresort.jp/restaurant/detail/str_id:BBY/）［アクセス二〇一六年五月三十日］
（5）ジョージ・リッツァ『マクドナルド化する社会』正岡寛司監訳、早稲田大学出版部、一九九九年
（6）アラン・ブライマン『ディズニー化する社会――文化・消費・労働とグローバリゼーション』能登路雅子監訳、森岡洋二訳（明石ライブラリー）、明石書店、二〇〇八年
（7）ブライマンはディズニー化をもう少し細分化してディズニーランドを彩る四つの次元として指摘している。「テーマ化」＝対象になる施設や物体をそれとはほとんど無縁の物語で表現すること、「ハイブリッド消費」＝分野によって異なる消費形態（ショッピング、食事、レジャーなど）が互いに重なり合うこと、「マーチャンダイジング」＝イメージやロゴを表示して商品販売を促進すること、「パフォーマティブ労働」＝雰囲気を巧みに作り出す演出がサービス労働の一部とみなされること、という

のがそれだ。ただし、このなかで最も重要な次元はテーマ化であり、これに残りの三つの次元はぶら下がるかたちで存在している。よって、本書でもテーマ化に焦点を当てて議論を展開している（前掲『ディズニー化する社会』）。

（8）「ビジネスキーパーソン web インタビュー 今週のクローズアップ 石原一裕氏」（http://career.mag2.com/interview/051124）［アクセス二〇一六年五月三十日］

（9）三浦展はこれを「ファスト風土化」と呼んでいる（三浦展『ファスト風土化する日本——郊外化とその病理』〔新書y〕、洋泉社、二〇〇四年）。

（10）前掲『ディズニー化する社会』一四ページ

（11）ブライマンはアメリカでテーマパーク化が進行したものとしてモールやレストランのほかに動物園、街、博物館、ヘルスクラブ、クルーズ客船、イベント、大学宿泊施設などをあげている（前掲『ディズニー化する社会』）。その典型はラスベガスで、もともとは賭博場だったが、現在ではここにショッピングモールや遊園地が建設されるようになっている。とりわけ象徴的な存在としてあげているのが「ストリップ」と呼ばれている地区にあるホテル群で、シーザーズ・パレス（古代ローマ）、ルクソール（古代エジプト）、エクスカリバー（中世イングランド）、ＭＧＭグランド（映画）、ニューヨーク・ニューヨーク（シティーライフ）、パリス（パリ）、ザ・ベネチアン（ベネチア）など、それぞれのテーマ性に基づいて施設が建設されている。さらに、これはブライマンの指摘にはないが、現在ラスベガスではショービジネスのビッグネームやミュージカル劇団が常設シアターを設けて恒常的にショーをおこなっている（シルク・ドゥ・ソレイユ、ブルーマン・グループ、セリーヌ・ディオン、エルトン・ジョン、ベッド・ミドラーなど）。いわば、大人のディズニーランド、そしてファミリー・エンターテインメントの空間と化しているのである。

(12) ＴＤＳの場合、テーマポートのポートディスカバリーから東京湾がまる見えになっているが、これは「借景」という考え方に基づいている。外部を内部空間の一部として取り込んでしまう手法で、そのため、閉鎖的な世界は維持されている。

第8章　TDRは聖地になりうるか？

1　評価が分かれる『アナ雪』

第6章で展開したように、TDRは日本の文化のなかでクレオール化が進み、独自の文化、しかも徹底した消費文化を志向してきた。そして第7章で確認したように、それは脱ディズニー化というポストモダン的なグローバル化の一環として捉えることができた。だが、この日本でのディズニーの現在形は、実は想像以上に深いところで日本の伝統文化とつながっているのではないだろうか。本書の冒頭のほうで「『アナ雪』現象」を取り上げたが、おしまいにいま一度この「『アナ雪』現象」なるものを糸口に、TDRと日本文化の関わり、そしてこれからの双方のゆくえについて考えたい。

さて、空前のヒットを遂げた『アナ雪』だが、やはりこの作品、個人的にも興味が尽きない。たとえば、インターネット上で繰り広げられるレビューの評価[1]をみてほしい。総じて高い評価を獲得しているが、一方で五つ星中星一つを付けているレビューも少なくないのである。つまりこの作品は評価が大きく分かれているのだ。僕は、最高の評価も最低の評価も、この映画が備えるメディア性がなせる業と考えている。では、このような『アナ雪』の両極端な評価は、それぞれどのような視点からなされているのだろうか。

高い評価の多くが盲目的・礼讃的

まず高い評価からみていこう。とにかく「すばらしい」と、手放しでこれを褒め称える意見が目立つ。「これぞディズニー映画」「これぞディズニープリンセス物語」[2]といったところだ。ただし、こうした評価は保守的なものでもある。いわばディズニー映画に対する評価の「定型」なので、レビューとしての説得力はない。また『アナ雪』ブームが起こってからこの映画を見た層は「みんな行くから」「ディズニーだから」という理由が多く、言い換えれば、社会現象の一環としてこの映画に足を運んだだけ。つまりイノベーター理論で「レイトマジョリティー」（後期追随者）と呼ばれる一群と思われるが、これらによるレビューも「子どもにいい」「音楽が楽しい」「家族みんなで楽しめる」といったお決まりの評価である。いずれにしても、これらのレビューは作品の内容そのものに立ち入った評価とはいいがたい（もちろん高評価のなかにも分析的なものはあるが、それについては後述）。

低評価はいくつかのパターンに

一方、低い評価の場合はどうだろう。まず、「しょせんディズニーなんて子ども向けのアニメだ。くだらないに決まっている」というものがあるが、こうした指摘をする層は、おそらくディズニーランドも「子ども向けの遊園地」と決め付ける傾向にある。また、「原作のオリジナリティーを踏みにじっている」という「ディズニフィケーション」という様式に対する批判もある。ディズニフィケーションとは、オリジナルからバイオレンスとセックス、複雑な人間の関わり合いを取り除き、ストーリーを単純で毒がないハッピーエンドなものに変更してしまう手法（こうした手法こそがアメリカ的なグローバリズムをふりまく「毒」と批判されることもある）をいう。さらに、これらが大ヒットすることでコピー（改変）であるディズニー作品のほうがオリジナルを凌駕してしまい、オリジナルに取って代わってしまうといった現象を指す。『シンデレラ』『リトル・マーメイド』、そしてこの『アナ雪』がその典型だ。たとえば『リトル・マーメイド』の原作であるアンデルセンの『人魚姫』（一八三六年）では、人魚姫は王子との恋が実らず最後は泡になって消えるのだが、『リトル・マーメイド』では、人魚姫のアリエルは王子が海の魔女アースラを退治することで王子と結ばれる。『アナ雪』も、原作の『雪の女王』でエルサに該当する雪の女王は、主人公ゲルダ（アナに該当）と姉妹関係になく、しかも兄を奪っていく悪役だ。だが、こうしたディズニフィケーションへの批判はディズニー作品に毎回登場する「お約束」の批判といえる。

低評価の次のレベルにいくと、いわゆるディズニープリンセスものとしての文脈からの批判になる。定型のディズニープリンセスものは原則、最後に王子様と「真実のキス」をして結ばれることでハッピーエンドを迎える。だが『アナ雪』の場合、キスは絶対化されず、最後にプリンセスはプリンスを見捨てたうえに、愛の対象が姉妹間に向かう。この定型からはずれた展開が許せないというわけだ。

そして、最も理屈っぽい批判が「ストーリーが陳腐」というものだ。アナとエルサの姉妹愛に根拠が感じられない、人物描写の彫り込みが浅い、エルサが雪山に登る理由も、アナがエルサを助けにいく理由も、プリンスであるハンスが姉妹を殺害しようとする理由もあまりに無根拠（十三人兄弟の末っ子なので王子になる可能性がないといった程度でしかない）など、シナリオがいいかげんで興ざめするといったものがそれだ。

低評価に共通する「文化絶対主義」

これらの批判はある意味では妥当だろう。しかし、こうした批判はほかのディズニー作品の傑作と評価されている作品群にも当てはまる。

たとえば、クラシックのプリンセス三部作『白雪姫』『シンデレラ』、そして『眠れる森の美女』（総監督：ケン・ピーターソン、一九五九年）のそれぞれの主人公である白雪姫とシンデレラ、オーロラは、いずれも人格的なキャラクターとしては弱い。オーロラにいたっては最も成熟した身体と容姿をもちながら精神的に幼く、主体性がほとんど感じられない。ストーリーも子ども向きだ。

だが、ここに「文化相対主義」的な視点を導入すると話は少々変わってくる。文化相対主義とは、自らが属さない異文化を評価する際には自らが所属する文化の評価基準ではなく、異文化の基準に従って評価しようとする視点である。いわば「郷に入れば郷に従え」という考え方だ。

その反対が、いわば「文化絶対主義」である。自らの評価軸を他を顧みることなく神聖化・絶対化し、これを基準にあらゆるものを批判する姿勢だ。この視点からみると様々なものが不条理にみえてくる。たとえば、日本の古典物語群の一つである『忠臣蔵』を考えてみよう。ご存じのように、これは感情的になりやすい殿様・浅野内匠頭《あさのたくみのかみ》が殿中で刀を振り回して吉良上野介に怪我を負わせたために切腹を命じられ、家が断絶。この怨念を晴らすべく家臣たちが仇討ちをする話で、主君に対する家来の忠誠の美談として脈々と語り継がれてきたものだ。だが、私たちの一般常識の一つである「人殺しはいけない」という文化絶対主義的視点から捉え直してみると、この作品はおかしなものになってくる。四十七士（赤穂浪士）が吉良邸に討ち入った結果、吉良の首はもちろん、廷内にいた家臣たちも次々と殺害に及んだわけで、この事実を踏まえれば、この話は美談どころか物騒で非常識な話ということになる。

宝塚歌劇やＡＫＢ48についても同様の見方が可能だ。宝塚やＡＫＢ48は着飾った女性たちが歌と演技でミュージカルやダンスなどのパフォーマンスを繰り広げる。だが、このようなパフォーマンスには容姿、演技力、ダンスの技術、歌唱力、そして何より作品としての質が求められるという絶対主義的視点に立脚するならば、この二つのグループの存在にも疑問が投げかけられる。ここでパフォーマンスを繰り広げる芸人たちが、これらの方面で必ずしも一流とはいえないからだ。

しかし、だからといって『忠臣蔵』の舞台や彼女たちのパフォーマンスを「荒唐無稽」と一蹴するのでは身も蓋もない。それに、四十七士ファンも宝塚ファンも、またAKB48ファンも、当たり前の話だが、怒るだろう。というのも、これらのファンの評価基準は、こうした絶対主義的な視点でもって批判する者の基準とはどうみても別のところにあるからだ。批判した側が「あなたたちはわかっていない」と逆襲されるのがオチである。文化相対主義的な立場から、言い換えれば支持者の評価基準、この場合にはファンの立ち位置での視点からみていかないかぎりは、こうした物語や芸人たちの本当の魅力はみえてこないだろう。

2　微分的文化と文化相対主義

「世界」（＝積分的）ではなく「趣向」（＝微分的）

実は、先ほどあげた三つの例、赤穂浪士、宝塚歌劇、AKB48には共通するものがある。「様式美」である。これらに魅せられる人たちは、そこで繰り出されるそれぞれの要素を一つの作品として大局的な視点から、つまり「積分」的に統合した視点でみているのではなく、その様式のなかで、それぞれの場面や要素がどう演出されるのかを「微分」的に細分化しながら鑑賞しているのではないだろうか。言い換えれば、歌舞伎・浄瑠璃のなかの「設定＝世界」に対する「演出＝趣向」を重視する見方である。

この見方では全体の統合性については評価が留保されて、問題にされない。むしろ、設定された

「世界」のなかで個々がどう動き、どう演出されるかといった細部に関わるところが、様式美に魅せられるファンたちにとっての見どころになる。注目すべきは作品それ自体ではなく、そこで展開されるメディア性＝表現方法や美的機能なのだ。逆に彼らの視点に立つと、こうした「異文化」に対してストーリーやその思想うんぬんを批判するのは「ヤボなこと」になる。

ディズニープリンセス、ディズニー・ミュージカルという視点からの評価

そのため、文化相対主義的な視点から捉えれば、『アナ雪』という「異文化」は、ディズニープリンセス物語やディズニー・ミュージカルという「世界（様式）」をデフォルトとしてみることではじめて作品として評価の俎上に載せることができるということになるだろう。そこで、『アナ雪』を微分的に高評価したレビューのなかで、分析的に解釈したコメントの文脈を参照しながらみていこう。

まずディズニープリンセス物語としての評価はどうか。このジャンルの「世界」を彩る要素としては、プリンセス、プリンス、愛、キス、ヴィラン（悪役）、困難、狂言回し、ミュージカルなどがある。そして、この世界のなかでこれらの要素がどのように描かれるかという「趣向」が問われるわけだが、これについては「多くの要素を新しく意味づけして紡ぎ合わせる冒険的な試みをおこなっている」「愛が向かう先はプリンスだと思わせて、実は姉妹に向かっている」「プリンスがヴィランで、キスは愛の証明になっていないのが新しい」「困難をプリンスに助けてもらうのではなく、プリンセス自らが立ち向かい乗り越えている」「狂言回しの雪の精オラフ（エルサのアナへの愛情か

ら生まれた存在）は、この作品の基調となる究極の自己犠牲の愛を象徴すべく雪でできているのに、自らの死に直結する夏を限りなく愛する」といったコメントがなされている。これらのコメントは作品の新奇性、つまり「趣向を凝らしたこと」を評価の対象にしていると考えられる。

一方、ディズニー・ミュージカルとしてのレビューは、それぞれの曲の完成度、映像とのマッチング（「松たか子と神田沙也加の吹き替えがピッタリ」「時計音やマリンバなどによる効果音がきわめて有効に使われている」など）、楽曲の歌いやすさ（「「レリゴー〔Let It Go〕」「ありのままで」や「雪だるま作ろう」といった節回しがいい」など）がミュージカルとして見た場合にも高いレベルにあるとされている。「『メリー・ポピンズ』や『リトル・マーメイド』に匹敵する」「史上最高のディズニー・ミュージカル」といった評価もある。

『アナ雪』の、ディズニー・ミュージカルの世界での趣向の凝らし方について、僕もいくつか新しい側面を見つけることができた。本作は二十四カ国でローカライズされたが、ミュージカルとして各国で喝采を浴びている。それを裏付けるように、歌詞のローカライズはかなり徹底していた。なかでも日本語版は秀逸だったものの一つだろう。日本語を使うことへのこだわりが強く、挿入曲のなかでカタカナは「ドレス、ロマンス、ドア、サンドイッチ、クール、パワフル」の六つだけで、これらもほとんど日本語化している英語だ。そして、明瞭に語られる日本語の使用。意味は限りなく「超訳」だが、それが逆に日本語によくなじんでいる。これを反映してか、日本では英語版よりも松たか子と神田沙也加、ピエール瀧らが歌う日本語版のほうが圧倒的に支持を得ていた（サウンドトラック・アルバムでのレビュー評価も総じて日本語版のほうが上だ）。また、賛否両論を生んではいるが、映画館で観客が合唱する「シング・アロング」というスタイルもアメリカから輸入してしまった。日本にミュージカルアニメ映画というジャンルを開拓したという点では、『アナ雪』はまちがいなく革新的なのだ。

ディズニープリンセス物語やディズニー・ミュージカルという世界の趣向部分を「微分的」にみれば、この映画は確かに野心的な作品であり、「見どころ満載」ということになるのである。

微分的文化に適合した『アナ雪』とTDR

『アナ雪』のヒットとは、こうしたディズニープリンセス物語の諸要素に大衆、そしてDヲタが、それぞれの嗜好に応じて微分化した部分に思い入れた、つまり「萌えた」結果といえるのではないだろうか。自分のお気に入りの細部に萌えることができたのなら、とりあえずはそれで満足できる。積分的な世界は『アナ雪』の上位にあって、これを機能させるディズニープリンセス物語という安定したメタ・システム（より大きな様式）として存在していさえすればそれで十分なのだ。当然ながら、この超マクロな世界の領域にはぼんやりとした範列、しかも膨大な数からなるそれがあるだけで、ここに統辞＝物語は存在しない。むしろ物語はノイズでさえある。つまり、この超マクロの部分は、微分されたものを担保するといった位置づけ、言い換えれば、ミクロな部分を自由に作動させる必要条件でしかない。そのため、「超マクロ＝ディズニープリンセス物語」と「ミクロ＝萌える対象」の中間領域となって二つを媒介する装置としての役割を果たす、すなわち積分されたものとしての「『アナ雪』の物語」自体にはあまり関心をいだかない。そして、われわれはもっぱら

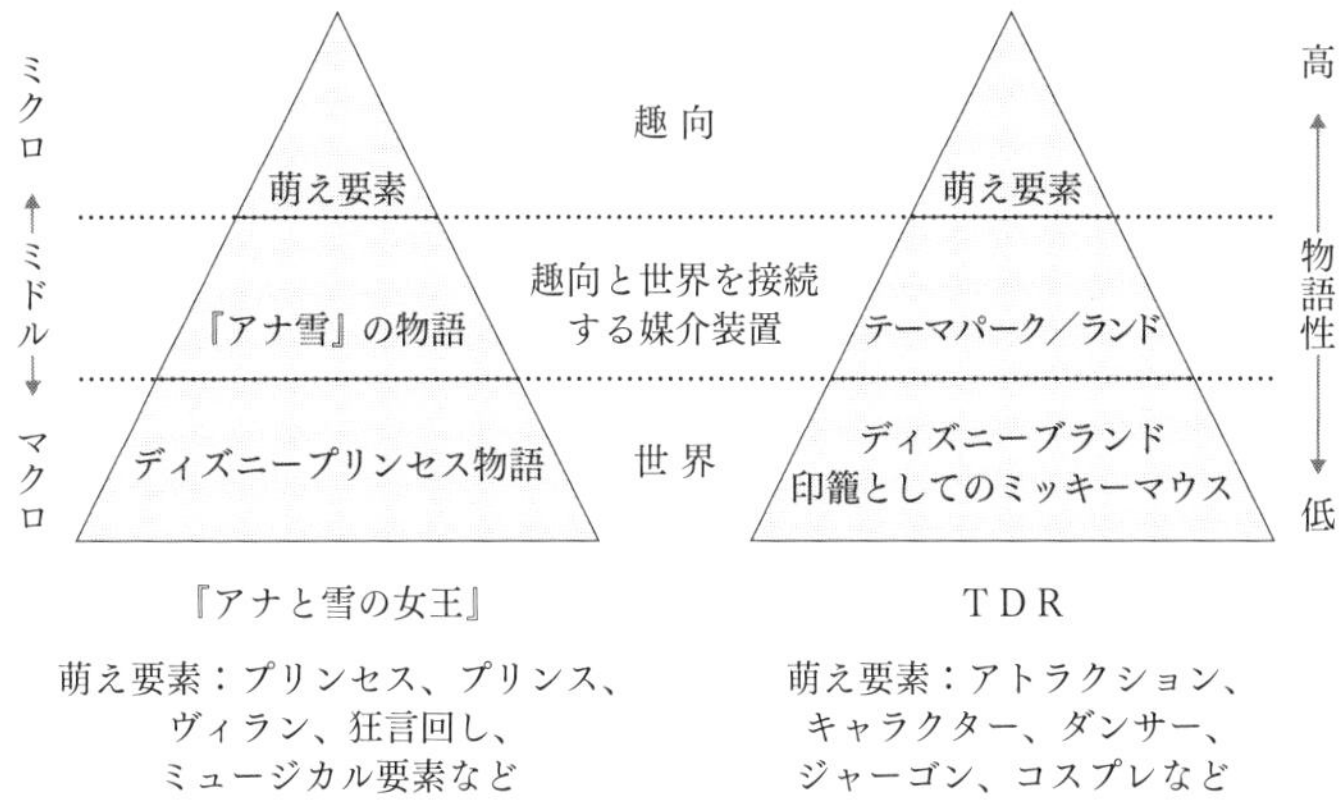

図8　ディズニー世界での微分文化の構造

そこから好みに応じて自由に趣向、言い換えればマイディズニーに基づいたマイストーリー＝自分だけの物語を引き出すのである。

　これは第7章で論じたTDRの脱ディズニー化状況と相同性をなしている。TDRはミッキーマウスを象徴＝印籠とする「ディズニーブランド」という超マクロのメタ・システム＝世界を形成し、このシステムの庇護のもとで膨大な情報をばらまいている。ディズニーとの関連性、つまり統辞性を感じにくいものもきわめて多いが、それらはミッキーマウス・マークという印籠が担保になることでディズニーの一部であることをやはりぼんやりと範列的に保証している。そして、Dヲタたちはそのディズニー世界のなかから、それぞれがそれぞれの好みに応じて微分化したミクロな「細部」に入れ込んでいく。反面、「ディズニーブランド」と「細部」の中間領域を形成して二領域を媒介する積分的部分、つまりパーク全体やランド、ポートを統括するテーマといった世界や物語などマクロな部分にはあまり関心をもたない。Dヲタたちにとって世界や物語は、アリス、エルサ、ダッフィー、マリー、さらにはパレードを彩る一要素にすぎないモブキャラのダンサーといったミクロな萌え要素の存在を担保する役目を果たしてくれればそれで十分なのである。

こうして考えてみると、現在のTDRが、さらに『アナ雪』が国民的人気を博したことの真の要因がみえてくる。実はディズニーが日本にやってくるはるか以前から、日本人は世界よりも趣向を重視し、マクロよりもミクロに関心が向かう志向性を備えていた。それが前述した歌舞伎、宝塚、そしてディズニーよりも後発のAKB48といったものにほかならなかった。(3)歌舞伎の『忠臣蔵』なら物語よりも細部をどう見せるか、つまり大石内蔵助や堀部安兵衛といった主役級、さらには三村次郎左衛門、村松三太夫といった目立たない役までを誰が演じるのか、どう演出するのかというところに関心が向けられるのだ。宝塚ならば歌劇を何組がやるのか、それぞれの役は誰なのか、AKB48ならば誰が神7になるのか、あるいは自分の推しメンは次の選抜総選挙で何位になるのか(「ジャニヲタ」と呼ばれるジャニーズファン〔オタク〕が特定のメンバーに入れ込んだり、相撲やプロレスがタニマチ的なかたちで特定の力士やレスラーを応援するのもこれらの心性と共通する)など、こうしたところに関心の焦点が向けられる傾向が存在するが、こうした趣向=微分的部分=ミクロへの関心は、わが国の大衆文化の底流に脈々と流れる消費文化の傾向といえるのではないだろうか。

そして面白いことに、この消費文化はどこまでいっても消費文化であることをやめない。そして、伝統で示したように、日本の伝統文化とは「消費文化を志向し続ける」文化だといえる。第6章と消費という二つの文化様式を横断する、あるいは分節を解消してしまうような文化なのだ。

一方、ウォルトが志向した文化はこれとは対極にある。すでに述べたようにウォルトは消費文化をアメリカを代表する伝統文化へと昇華させようと、消費文化のなかに徹底的にアート性とテクノロジーを詰め込んでいった。その結晶が、ミッキーなどのキャラクターであり、長篇アニメであり、テーマパークだった。そして、このコンセプトが一九八三年になって日本にも持ち込まれたのである。

だが本書でみてきたように、日本人はディズニー的世界に習熟するにつれてグレムリン化し、パーク側に自らの要求を突き付けるようになり、これにパーク側が対応することでパーク自体がクレオール化した。つまり日本人のある種の心性や、文化的コンテクストに適合するように修正されていったのである。こうして出現したのが、テーマ性が破壊されたパークの出現とDヲタたちの増加だった。それは、ウォルト主義からすればゆゆしき事態にほかならなかったはずだ。

しかし、ここで立ち位置を「ウォルト主義＝伝統文化側」から、「日本の伝統的な消費文化」へと変えてみると、見方は百八十度ひっくり返ってしまう。つまり、このクレオール化とは、ディズニー的世界が日本文化、たとえば歌舞伎や宝塚、ＡＫＢ48、相撲、プロレス、ジャニーズといった消費文化の文脈のなかに回収されていくプロセスにすぎなかったということになりはしないだろうか。その意味では、日本文化というコンテクストに流し込まれることで脱ディズニー化したＴＤＲや、ストーリー構成に疑問が投げかけられる『アナ雪』が支持を受けるのも何ら不思議なことではない。日本の伝統的な消費文化という視点から現在の「ウォルトがいないＴＤＲ」を捉えたとき、そのありようはきわめて健全な文化の発展とみなすことができるのである。

一九五八年、テレビ番組『ディズニーランド』は毎週金曜日、プロレス中継と隔週で放送が開始された。前者はアメリカの日本に対する消費と技術面での圧倒的優位を見せつけて日本人の敗戦コンプレックスを煽ると同時に、「アメリカに追いつけ、追い越せ」という、自分たちがこれから到達すべき目標を提示する役割の一翼を担った。一方、後者は力道山がアメリカ人に見立てられた白人レスラーと対決して勝利することで、同様に敗戦コンプレックスを煽ると同時に「アメリカに追いつき、追い越した」というカタルシスを先取り的に提示していた。この二つが、高度経済成長の日本人のモチベーションを掻き立て、日本人をエコノミック・アニマルへと転じさせるマッチポンプ的な装置の一つとして機能したのである。この時点では、アメリカの圧倒的優位という認識が日本人の心性に染み込んでいたのだ。

だが、テレビ放映から五十八年を経過した二〇一六年、こうした心性はほとんど消え失せている。かわって登場したのが、憧れだったディズニー的世界の、日本文化に適合するかたちでのカスタマイズだった。そのカスタマイズのやり方とは、まさに世界よりも趣向、マクロよりもミクロを志向することで勧善懲悪の様式美を徹底させ日本人を熱狂させたプロレスの方法論そのものだったのだ。すなわち、「積分的文化の微分的文化への回収」。

ついに「ウォルトは敗北し、力道山（的心性）が勝利した」のである。

3　二つの聖地

アメリカ人にとってディズニーランドは聖地

アメリカ文化研究者で、DLでの勤務、そしてTDLの建設にも携わった経験をもつ能登路雅子は著書『ディズニーランドという聖地』のなかで、ディズニーランドはアメリカ人にとっての聖地であると指摘(4)している。このことを端的に表現しているのが、その一節「カリフォルニアへの巡礼の旅」のエピソードだ。ここにはディズニーランドを訪れたニューヨークっ子（訪問当時十一歳）の回想が登場する。その趣旨は以下のようになる。

・ずっとテレビや映画でディズニーに憧れていた。
・父親に「来年の夏休みに、それまでいい子にしているという条件付きで連れていく」と約束される。
・車で三週間かけて大陸を横断し、その間に様々な場所を訪れるが、道中の景色は上の空。なかなか到着しないことにじれったい思いをさせられた。
・到着したのはいいが、訪れた日数は一日だけ。もう一生来られないのかと絶望的な気持ちになった。
・あれは宗教的ともいえるし、恋愛の感情にも近いものがあった。

・これらの記憶を、このアメリカ人がまるできのうのことのように鮮明に記憶していた。初めてディズニーランドに行った日のことをその前後を含めて熱っぽく語るのは、多くのアメリカ人に共通する。

・このニューヨークっ子には、まるで聖地を目指してひたすら進む幼い巡礼者の姿がある。

つまり、アメリカ人にとってディズニーランドは、かつての日本人にとっての伊勢神宮や日光東照宮的な存在ともいえるだろう。前者は「お伊勢参り」であり、後者は「日光を見ずして結構と言うなかれ」という、ともに「一生に一度は行かなければならない」とされた場所。これと同じ位置づけなのである。

ただし、このエピソードには一つ付け加えておかなければならないことがある。それはアメリカ人にとってのディズニーランドとは、実は一生に一度ではなく二度行く場所だということだ。一度目は子ども時代に「いい子にしていること」で連れていってもらえるところ。二度目は、成人して子どもを育てる側に回ったときである。つまり、「子どもがいい子にしていたこと」で、子どもを連れていってあげる。だからこそ、ディズニーランドはファミリー・エンターテインメントの空間として認知され続けている。

アメリカ人のパスポート所有率は四六パーセント（二〇一四年）程度と、先進国のなかではきわめて低い。比較すればより明白だが、たとえば、カナダは六〇パーセント、イギリスは七五パーセントを超えている。これは要するに、アメリカがあまりに広大で、アメリカ人にとっては「アメリカ・イズ・ワールド」「ワールド・イズ・アメリカ」だからだろう。一般のアメリカ人にとってデイズニーランドもまたせいぜい二度ほどしか訪れることができない場所なのだ。だからこそディズニーランドへの思いはいっそう強い。だからこその「聖地」、そして「非日常」なのである。

もう一つの聖地、TDR

議論を日本に戻してみよう。それでは、ＴＤＲは「聖地」ではないのだろうか。答えはこうだ。やはり「聖地」なのである。

とりわけＤヲタたちにとっては。彼らにとってＴＤＲとは近未来のシミュラークル（先取りされた模造としての現実）を体感する場所なのである。そのなかに身をおくことで、未来の実現形態と個別の趣向のマッチングをシミュレーションすることができる、ワクワクが止まらない「聖地」なのだ。しかもその聖地では、膨大な情報の横溢のなか、明確な管理者もシステムも存在しないかのようにみえるテーマパークがもたらすホーリスティックな効果に包まれることになる。そこで、原子化＝個別化したオタク、そしてオタク化しつつあるすべての現代人は、タコツボ的な孤立した社会のなかにあっても、自らが決して一人ではないことを感じることができる。

パーク内でポップコーンワゴンに並ぶＤヲタたちは、ポップコーンの味に関心があるのではなく、情報消費として限定のバケットを購入すること自体に関心があると第１章で記しておいた。しかし、実はもう一つ、究極の目的がある。それは限定バケットを購入するために「ワゴンに並ぶ行為それ自体」だ。彼らは、そこに並ぶことで同じような目的のもとに列を作る人間とシンクロできる。さらに、その場がＴＤＲという、自分と同じＤヲタが大挙してやってくる空間だということで二重にシンクロして、ある種のめまいを感じながらテーマパークの重層性のなかに埋没できるのだ。それはさながら、世界最大級の同人誌即売会、コミック・マーケットのブースにいるのと同様の感覚なのだろう。この「連帯感」が心地いいからこそ、彼らは並ぶのだ。

ただ、あくまでその空間は自分が自らの世界に埋没するための風景（背景）という位置づけであり、関心はパークの存在だけであって、相手そのもの、つまりその内実については眼中にない。だから、傍目には彼らは同じ行動をしているようにみえても、本人たちからすればそれぞれが勝手気ままに振る舞っているにすぎない。つまり、実際のつながりはなく、集まってはいるけれどメンタリティーとしてはバラバラな衆多名詞的な「みんなぼっち」の存在として、彼らはそこにいる。だから、厳密には「連帯」ではなく、やはり「共振」、シンクロでしかないのである。

私たちやDヲタがTDRに病みつきになってしまう理由は、パークのなかに足を踏み入れることでこうした孤立と連帯のバランスをとることができるから、言い換えれば、勝手気ままに振る舞っていても寂しさを感じなくてすむから、そして刹那的ではあってもアイデンティティー（自らの存在）を確認することが可能になるからなのだろう。そんなDヲタたちにとって、当然のことながらここは「ファミリー・エンターテインメントな空間」ではない。繰り返すが、彼らにとってここはあくまでも「マイ・ディズニーな空間」なのである。

そして、いまやこうしたDヲタ的なゲストが、パークを訪れる一大勢力になろうとしている。なんといってもリピート率九〇パーセント超えである。本書の「はじめに」でも指摘しておいたように、現代社会はいよいよオタク化しつつある。情報化の進展によって選択肢の増大と価値観の多様化に拍車がかかり、嗜好が細分化されていく。その結果、誰もがオタク的心性を備えるようになる。そして「オタク」という言葉が備える心性が社会的性格、つまり私たちすべてに共通する傾向になった暁には、この言葉に含まれているネガティブなイメージも払拭されるだろう。こうなると、もはや老若男女も問わない（オタクという言葉が生まれたのは一九八三年である。その時点で二十歳だったオタクはもはや五十代に達している）。いわば「一億二千七百万人総オタク化」が進行するという事実。今後もオタクの数は増えると思われ、TDRの入場者数は増加こそすれ減少することはおそらくないのではないか。

二〇一四年度の年間入場者数は三千百七十八万人。〇九年度が二千五百八十二万人。この五年で、なんと二三パーセントもの伸びをみせている。そして、これにTDRが対応し続けている。これは日本文化への見事なローカライズでもある。だから、TDRはアメリカのそれとは異なる「もう一つの聖地」、つまり多くの日本人にとっての聖地としてこれからも繁栄、永続していくのではないだろうか。

最後に彼らにこんなエールを送っておきたい。

「Dヲタのみなさん、申し訳ありませんでした。ここでヴィランとしての役割を降りていただきます。むしろ、みなさんはヒーロー／ヒロイン、ディズニー的に表現すればプリンス／プリンセスでした。みなさんは日本文化の正統な継承者なのです」

……

「そしていつまでも、いつまでも、みんな幸せに暮らしましたとさ」

注

(1) 本評価は、「Yahoo! JAPAN」の映画欄にあるユーザーレビューなどを参考にした。

(2) ディズニープリンセス物語とは、お姫様を主人公とした一連の作品群を指し、『白雪姫』から『アナ雪』まで、実写版の『魔法にかけられて』を含めると十三作品がある。

(3) 相撲(タニマチ)やプロレス(プロレスマニア)、そしてジャニーズ(ジャニヲタ〔ジャニーズオタク〕)もこれに含まれるだろう。

(4) 能登路雅子『ディズニーランドという聖地』(岩波新書)、岩波書店、一九九〇年、一三七―一四〇ページ

付録　ディズニーを学ぶ人のために

ディズニー好きが高じて、大学の卒論などでディズニーを題材にしてみたいという若者は多い。しかしディズニーに関する文献は相当数にのぼるため、ディズニーやディズニーランドについて学ぶための適切な本を探すのはなかなか難しい。そこで巻末付録として、これからディズニーについて学ぼうとする人たちのために参考になる主要文献のいくつかを紹介しておきたい。

1　ウォルトを知る

ディズニーの歴史を学ぼうとする際に重要なのは、やはりウォルトの伝記だろう。この分野の定本としてはディズニー認定本である『ウォルト・ディズニー――創造と冒険の生涯　完全復刻版』（ボブ・トマス、玉置悦子／能登路雅子訳、講談社、二〇一〇年）がある。本書で提示した「ウォルト主義」を理解するためには最適の文献といえる。ただし少々大本営的な発表の仕方のため、いわゆる偉人伝的な色彩が否めない。もう少し人間くさいウォルトをつづった伝記に『創造の狂気 ウォルト・ディズニー』（ニール・ゲイブラー、中谷和男訳、ダイヤモンド社、二〇〇七年）がある。帯文のコピーに「ミッキーの生みの親、実は「嫌なヤツ」？」とあるように、ウォルトの豊かな創造力、そして狂気を六百ページ以上にわたって展開している。とはいえ、記述は比較的中立だ。さながらヴィランの一人のようにウォルトを描いているものとしては『闇の王子ディズニー』（マーク・エリオット、古賀林幸訳、草思社、一九九四年）がある。本書はウォルトが労働組合を徹底的に弾圧したこと、レッドパージでＦＢＩに積極的に協力したことなど、ウォルトの右翼的気質に焦点を当てた描写をしている。ただし、これは少々論証が甘く、筆者の思い込み的な部分も多々みられる。

　このほか参考になる文献としては、『私のパパ ウォルト・ディズニー』（ダイアン・ディズニー・ミラー、ピート・マーティン文、上杉隼人訳、講談社、二〇一〇年）がある。タイトルどおり、ウォルトの実娘であるダイアン・ディズニー・ミラーの語りを文章化したもので、ボリュームが少ないのでウォルトの人柄を手早く知るには便利だ。またウォルトではなく兄のロイ・ディズニーの視点からディズニー論を展開したものとして『ディズニー伝説――天才《ウォルト》と賢兄《ロイ》の企業創造物語』（ボブ・トーマス、山岡洋一／田中志ほり訳、日経ＢＰ社、一九九八年）がある。これもボブ・トーマスによるもので、『ウォルト・ディズニー』と併読するとディズニー伝説の舞台裏を垣間見ることができる。

2 ウォルト没後のディズニーの状況を知る

ただし、ウォルトに関する文献は当然ながらウォルトが没する一九六六年までであり、それ以降のディズニーの動向についてはほかの文献にあたらなければならない。それには以下のものが参考になる。

ウォルトの没後、ディズニーは長期低落をたどり、一九八〇年代前半には乗っ取りの危機に瀕するまでにいたってしまう。この乗っ取り騒動と、その騒動からの復活について描いているのが『ディズニー王国を乗っ取れ』（ジョン・テイラー、矢沢聖子訳、文藝春秋、一九九〇年）だ。また『ディズニー・ドリームの発想』（上・下、マイケル・アイズナー、布施由紀子訳、徳間書店、二〇〇〇年）では、騒動の渦中でディズニー組織の大改革を推進して巨大メディア産業に成長する過程を、乗っ取り騒動に終止符を打って中興の祖になったディズニー社の当時のCEOマイケル・アイズナー自らがつづっている。

さて、一九九〇年代半ば以降、メディア企業としての拡大はさておき、ディズニーアニメは振るわなかった。しかしそのことを感じさせない活躍をみせたのが、ディズニーからの配給を受けることでディズニーブランドの傘下に入り、あたかもディズニー作品のように活躍したピクサー社である。ピクサーは『トイ・ストーリー』、『モンスターズ・インク』（監督：ピート・ドクター、二〇〇一年)、『ファインディング・ニモ』と次々と大ヒットを飛ばし、不調のディズニーアニメの代役を務めるようになる。この件については『メイキング・オブ・ピクサー――創造力をつくった人々』(ディヴィッド・A・プライス、櫻井祐子訳、早川書房、二〇〇九年)と『ピクサー流創造するちから――小さな可能性から、大きな価値を生み出す方法』(エド・キャットムル/エイミー・ワラス、石原薫訳、ダイヤモンド社、二〇一四年)に詳しい。とりわけ後者はピクサーアニメーションとディズニーアニメーション社長であるエド・キャットムルの手によるもので、当事者からのピクサーの歴史、そしてディズニーやピクサーのオーナーだったアップル社のCEOスティーブ・ジョブズとの関わりを詳細につづっていて興味深い。

そのほか、ディズニー世界やディズニーについて効率よく知識を集めることができるものとして、有馬哲夫による一連の文献がある。ディズニー全般については『ディズニーとは何か』(NTT出版、二〇〇一年)、ディズニー作品のディズニフィケーションについては『ディズニーの魔法』(新潮新書〕、新潮社、二〇〇三年)、ディズニーランドの歴史については『ディズニーランドの秘密』(〔新潮新書〕、新潮社、二〇一一年)、メディア企業としてのディズニーの発展については『ディズニー千年王国の始まり――メディア制覇の野望』(NTT出版、二〇〇一年)が参考になる。

3 東京ディズニーリゾートを知る

ＴＤＲを知るための資料としては次の四冊が参考になる。ＴＤＬについては『ディズニーランドの経済学 増補版』（粟田房穂／高成田享、〔朝日文庫〕、朝日新聞出版、二〇一二年）がおすすめだ。初版は一九八四年なので文献としては少々古いが、建設までの過程とコンセプトを描いている。ＴＤＳについては『ディズニーリゾートの経済学』（粟田房穂、東洋経済新報社、二〇一三年）がある。これは『ディズニーランドの経済学』と同じく粟田によるもので、続篇的な位置づけになっている。ただし、『ディズニーランドの経済学』に比べると中身はやや薄い。これを補うためにはＴＤＲのＣＥＯである加賀見俊夫による『海を超える想像力――東京ディズニーリゾート誕生の物語』（講談社、二〇〇三年）が参考になるだろう。少々自慢話になるところはご愛敬ではあるが。

パークのホスピタリティー、とりわけキャストと呼ばれる従業員がどのように作られていくかについてはキャスト経験者のものも含めて多くの本が出版されているが、印象風景的かつ礼讃的な記述のものが多い。だが『ディズニーランドの人材教育』（志澤秀一、ウィズダムブック社、二〇〇〇年）はＯＬＣで実際にキャストの研修を担当した者による客観的な記述に基づいていて、出色の出来になっている。

4　専門的な視点からディズニーを考える

ここではより専門的な視点からのディズニー分析について紹介してみたい。

まずアニメや実写映画、さらにパークが作られる過程については『ディズニーの芸術――The Art of Walt Disney』(クリストファー・フィンチ、前田三恵子訳、講談社、二〇〇一年)がある。この本では主としてアニメが制作される過程をビジュアル満載で展開している。初版は一九七〇年だが、三十年間で五十万部を売り上げ、また新しい内容を盛り込んだ改訂版が出るなど、この分野の定本的な存在だ。

次に技術的側面について。ディズニーがつぎ込んだテクノロジーの分析については『ディズニーを支えた技術』(ジェイ・P・テロッテ、堀千恵子訳、日経BP社、二〇〇九年)がある。トーキー、マルチプレーン・カメラ、ファンタサウンド、オーディオアニマトロニクスなどの技術についての詳細を展開している。現代思想からの分析という側面もあって初心者には少々難解だが、「YouTube」で関連映像を参考にしながら読み進めると、ディズニーと技術と芸術がどのように融合されているのかがよくわかる。

パークの技術面については山口有次『ディズニーランドの空間科学――夢と魔法の王国のつくり方』(学文社、二〇〇九年)に詳しい。パークのギミックや空間構造の分析に特化したもので、パークの非日常がどのように演出されているのかを論じている。

最後に、ディズニーを社会学的・文化論的視点から分析した文献をあげておきたい。古典的なものとしては『ドナルドダックを読む』(アリエル・ドルフマン／アルマン・マトゥラール、山崎カヲル訳、晶文社、一九八四年)がある。ディズニー世界がいかに文化帝国主義的に、アメリカ主導によるグローバリゼーションを援護射撃しているかについて、きわめて批判的に展開している。アメリカ文化とディズニーとの関連については、能登路雅子『ディズニーランドという聖地』（〔岩波新書〕、岩波書店、一九九〇年）がある。本書ではアメリカ人にとってディズニーという世界、そしてディズニーランドという空間がきわめて特別な存在であることを指摘している。変わったところではディズニーアニメの戦前、とりわけドイツとの関わりと、ウォルトの労働組合との確執を描いたものとして『ミッキー・マウス――ディズニーとドイツ』（カルステン・ラクヴァ、柴田陽弘監訳、眞岩啓子訳、現代思潮新社、二〇〇二年）がある。

ディズニーと世界の関わりについては、英字文献になるが、Janet Wasko, Mark Phillips, and Eileen R. Meehan ed., *Dazzled by Disney? The Global Disney Audiences Project*, Leicester University Press, 2001 がある。ブラジル、オーストラリア、フランス、南アフリカなどでディズニーが文化としてどのように受け入れられているのかについての論文集で、吉見俊哉による日本でのディズニフィケーションとアメリカイメージについての報告も所収している。

また『ディズニー化する社会――文化・消費・労働とグローバリゼーション』（アラン・ブライマン、能登路雅子監訳、森岡洋二訳〔明石ライブラリー〕、明石書店、二〇〇八年）はディズニーゼーション、言い換えれば、世界がテーマパーク化している過程について展開している現代社会論になっていて、本書でも大いに参考にしている。

参考文献

＊ディズニーに関する文献は実に様々なものがあるが、各章で引用したものと付録で紹介したもののほかに、特に重要と思われるものだけを著者名の五十音順で掲載した。

東浩紀『動物化するポストモダン――オタクから見た日本社会』（講談社現代新書）、講談社、二〇〇一年
大澤真幸『不可能性の時代』（岩波新書）、岩波書店、二〇〇八年
大塚英志『物語消費論――「ビックリマン」の神話学』（ノマド叢書）、新曜社、一九八九年
岡田斗司夫『オタク学入門』（新潮ＯＨ！文庫）、新潮社、二〇〇〇年
荻上チキ『ディズニープリンセスと幸せの法則』（星海社新書）、星海社、二〇一四年
小野耕世『ドナルドダックの世界像――ディズニーにみるアメリカの夢』（中公新書）、中央公論新社、一九九九年
ジャン・ボードリヤール『象徴交換と死』今村仁司／塚原史訳（ちくま学芸文庫）、筑摩書房、一九九二年
ジャン・ボードリヤール『シミュラークルとシミュレーション』竹原あき子訳（叢書・ウニベルシタス）、法政大学出版局、二〇〇八年
ジョン・フィスク『抵抗の快楽――ポピュラーカルチャーの記号論』山本雄二訳（Sekaishiso seminar）、世界思想社、一九九八年
中野収『現代史のなかの若者』（「歴史のなかの若者たち」第八巻）、三省堂、一九八七年
中野収『メディア人間――コミュニケーション革命の構造』勁草書房、一九九七年
村松友視『私、プロレスの味方です――金曜午後八時の論理』（角川文庫）、角川書店、一九八一年
ロマーン・ヤーコブソン『一般言語学』川本茂雄監修、田村すゞ子／村崎恭子／長嶋善郎／中野直子訳、みすず書房、一九七三年

おわりに

「はじめに」でも書いたように、本書を執筆することを思い付いたのは、最近のＴＤＲに対する違和感からだった。そして、そのことを「ヘン」という言葉で表現しておいた。ただし、この「ヘン」には、実はもう一つある。それはＴＤＲ、そしてディズニー全般に対する一般的な評価の潮流に対してである。とにかく礼讃ばかりなのだ。とりわけ、このことは近年、おびただしく出版されるディズニー関連の文献に該当する。パークがいかにすばらしいか、キャストたちがいかに献身的に働いているか、ビジネスモデルとしていかに秀でているか、といった論調が多いのだ。しかし、これは当たり前の話だが、実際には事はそんなに単純ではないだろう。

現実の社会は複雑だ。いいことの裏には悪いこと、楽しいことの裏にはつらいことや悲しいこと、親密さの裏には憎しみや妬みが存在する。そして、私たちはこれらを清濁併せのむことで社会を成立させ、それぞれの人生を築いている。また、それこそが人生の醍醐味でもある。いいことばかりが起こり、ハッピーエンドで完結するのはディズニーが創造するファンタジーの世界のなかだけだ。

もちろん、「ディズニーというファンタジー」の構築も、現実社会の営為の一つである。当然ながら、ファンタジーを作り上げるうえでこういった現実との折り合いが必要なのはいうまでもない。複雑な要素が絡み合うなかでディズニーのファンタジーは成立してきたはずだ。夢を創造するためには、創造する側は現実的でなければならない。事実、ウォルトがディズニー世界を構築するために艱難辛苦を乗り越えてきたことについては、彼に関する文献のなかのあちこちに見いだすことができる。だから、TDRにまつわる議論のなかにも、こうした現実の複雑性あるいは歴史を踏まえたものがあってもいいのではないか。そう考えて、メディア社会論というスタンスから少々辛口のディズニー論を思い付いたのだ。そのため、本書は最近のディズニー論への異議申し立てといった文脈も含んでいる。

ただし、最初に述べたように、本書は必ずしもTDRやゲストを批判するものではない。アラン・ブライマンが指摘するように、ディズニーで起こっていることは社会で起こることの縮図であり、そのため、この「ヘン」さはヘンだから否定するのではなく、これをどう解釈してこれとどう対峙していくかを考えるべきものだろう。

個人的なことをいえば、僕のディズニー世界へのスタンスは、本書で表現したウォルト主義に近い。ウォルトの欲望が構築してそれが継承されている宇宙はあまりに美しく、またニール・ゲイブラーも指摘するように「創造の狂気」に満ちている。この魅力に抗うことは難しい。その点からするとウォルトを希薄化し続けるTDRはやはり「ヘン」にみえてしまう。

ただし、もう一つの立場、つまり社会学、そしてメディア論の研究者という立場からみれば、TDRの「ヘン」さは、きわめて魅力的な題材でもある。TDRは、その変容に立ち入れば立ち入るほど、現代社会の近未来がみえてしまう「妖しい」(「怪しい」ではない)装置だからだ。そのため、その妖しさに誘われてついつい足を運んでしまう。二つの立場とも、その魅力は尽きることがない。

ディズニーとは子どもの頃からの付き合いであり、また事あるごとに論考を重ねてきた。そのアウトプットを自分のブログ「勝手にメディア社会論」(http://mediakatsuya.livedoor.blog/) につづってきたが、本書はそこでの論考が土台になっている。

執筆にあたっては、様々な人々にお世話になった。まず、前著『劇場型社会の構造――「お祭り党」という視点』(〔青弓社ライブラリー〕、二〇〇九年) に引き続き、本書の出版を快諾してくれた青弓社の矢野恵二さんに感謝しなければならない。また、長年親しくしていただいている小谷敏大妻女子大学教授には、本書の全編に目を通していただき、適切なアドバイスをいただいた。以前、僕が指導する大学院生として、ともにディズニー研究に取り組んでくれた東京都立板橋有徳高校教諭の青木香保里さんにも感謝しなければならない。パレードの分析部分は共同作業で、二〇〇九年には日本社会学会で共同発表もおこなっている。今回の執筆に際してもアドバイザリー・スタッフの役割を買って出てくれた。さらに、イラストレーターの浜田亜由美さんにもお礼を申し上げたい。残念ながら著作権の関係上、パレードのキャラクター配置図以外のすべてが掲載取りやめとなったことが悔やまれてならない。掲載していれば、彼女のかわいらしい絵は本書をグッと引き立ててくれたはずだ。最後に、僕が講義やゼミでディズニーのことを語るたびに、情報をフィードバックしてくれた関東学院大学、立正大学、宮崎公立大学の学生たちにもお礼を申し上げげたい。

とはいえ、僕の本格的なディズニー研究は、実はまだ始まったばかりである。二〇一六年六月現在、ディズニーのお膝元ロサンゼルスに滞在し、南カリフォルニア大学で研究に励んでいる。本校はアメリカ文化とショービジネス研究が盛んで、ジョージ・ルーカスが卒業生、そしてウォルトが名誉教授を務めたことでも知られている。もちろんディズニーランドは目と鼻の先だ。

さてと、またディズニーランドへ向かいますか。

［著者略歴］
新井克弥（あらい かつや）
1960年、静岡県生まれ
関東学院大学文学部教授
専攻はメディア論
単著『劇場型社会の構造――「お祭り党」という視点』（青弓社）、『バックパッカーズ・タウン カオサン探検』（双葉社）、共著『若者論を読む』（世界思想社）、『情報化の中の〈私〉』（福村出版）、『情報化と社会心理』（中央大学出版部）など

青弓社ライブラリー88

ディズニーランドの社会学《しゃかいがく》 脱ディズニー化するＴＤＲ

発行――2016年7月25日 第1刷
2023年5月22日 第4刷

定価――1600円＋税

著者――新井克弥

発行者――矢野未知生

発行所――株式会社青弓社
〒162-0801 東京都新宿区山吹町337
電話 03-3268-0381（代）
http://www.seikyusha.co.jp

印刷所――三松堂

製本所――三松堂

ISBN978-4-7872-3405-6 C0336